W0180504

Knaur.

Harriet Rubin

Weiblich, magisch, mächtig

Die Kunst, das Leben lächelnd zu meistern

Aus dem Amerikanischen von
Susanne Dahmann

Knaur Taschenbuch Verlag

Die amerikanische Originalausgabe erschien 2007 unter dem Titel
The Mona Lisa Stratagem. The Art of Women, Age, and Power
bei Warner Books, New York.

Besuchen Sie uns im Internet:
www.knaur.de

Vollständige Taschenbuchausgabe Juli 2009
Knaur Taschenbuch
Copyright © 2007 by Harriet Rubin
Copyright © 2008 der deutschsprachigen Ausgabe bei Knaur Verlag
Ein Unternehmen der Droemerschen Verlagsanstalt
Th. Knaur Nachf. GmbH & Co. KG, München
Alle Rechte vorbehalten. Das Werk darf – auch teilweise – nur mit
Genehmigung des Verlages wiedergegeben werden.
Redaktion: Gisela Hack-Molitor, www.litbuero.de
Umschlaggestaltung: ZERO Werbeagentur, München
Umschlagabbildung: Fine Pic®, München
Satz: Adobe InDesign im Verlag
Druck und Bindung: CPI – Clausen & Bosse, Leck
Printed in Germany
ISBN 978-3-426-78072-5

2 4 5 3 1

Für Mona Rinzler.
Und für Betty Sue Flowers.

Jedes Alter trägt seine Früchte,
man muss nur wissen, wie man sie pflückt.

Inhalt

Wo finden wir heute
große Vorbilder fürs Leben?

Nicht unter der Jugend, nur bei gereiften Persönlichkeiten. Welch ein Unterschied zwischen jungen Karrie-
risten und der Erfahrung von Gründervätern, alten Meistern oder Staatsmännern! Die einen sind wie Leuchtkäfer,
die anderen wie ein Blitzstrahl, so hat es Mark Twain aus-
gedrückt. Bachs größtes Glaubenszeugnis war sein Glaube
an das Reifen der Welt: Er schuf Musik für ein Instrument
– das Klavier –, das noch gar nicht erfunden war. Die amerikanischen Gründerväter entwarfen eine Verfassung, die
über Generationen hinweg reifen konnte. Es gibt das Attribut »reif«, das ein ganzes Bündel von Merkmalen beinhaltet, aber auch das Verb »reifen«: etwas zur Reife bringen.
Reife hilft in Situationen, wo das Davonjagen der Zeit
Chaos produziert. Und wer sollte Experte in Sachen Reifwerden sein, wenn nicht die Frauen?

Was Sie in Händen halten, ist so etwas wie Machiavellis
Der Fürst für Fortgeschrittene – eine *Kriegskunst* über den
Kampf gegen die beiden letzten großen Feinde: die Zeit
und ihre üble Kehrseite, die Sterblichkeit. Frauen haben

das Reifwerden perfektioniert: Sie erreichen diesen Status früher und genießen ihn länger. Dieses Buch ist die erste Machtanalyse für Männer und Frauen, bei der nicht Männer, sondern erfahrene, gereifte Frauen als Fixpunkte der Darstellung dienen. Der republikanische US-Senator John McCain könnte zum Beispiel etwas von Condoleezza Rice lernen, die hyperartikuliert und knapp wird, wenn sie wütend ist, aber niemals zickig. Dieses Verhalten hat Elisabeth I., die England in ihrer fünf Jahrzehnte währenden Regentschaft zum Zentrum der zivilisierten Welt machte, perfektioniert. Dasselbe gilt für die Talkshow-Moderatorin Oprah Winfrey, deren Wut und Ehrgeiz oft die mosaische Würde einer Golda Meir besitzen, der reifen Meisterin in Sachen Nationalstolz.

Männer aufgehorcht: Überall in der Geschichte münden große Karrieren in weibliche Ziele.

Auch die Welt selbst scheint in eine weibliche Endphase zu münden: Eine alte Prophezeiung aus dem Sanskrit besagt, dass in der Stunde null die Macht an die Frauen übergehen wird, um den Untergang der Welt abzuwenden. In geplagten Macho-Ländern werden heute Frauen in die höchsten Ämter gewählt, weil sie für Veränderung stehen.

Dies führt uns zu dem großen Leonardo da Vinci, dem Künstler, Ingenieur, Alchemisten und Berater von Königen der Renaissance. Warum wandte er im Alter seine Kunst auf das Porträt einer Frau — einer der vertrautesten und gleichzeitig mysteriösesten, die man je gesehen hat, einer Ikone, die ihn für mehr als fünfhundert Jahre weiterleben lassen würde?

Einleitung

Jackies unsterbliche Leitfiguren
Eine junge Frau auf der Suche nach den Geschenken der Reife

Als Jackie Kennedy jung und hübsch und gerade einunddreißig war, frischgebackene First Lady im Präsidenten-
haus in Washington, entwickelte sie eine besondere Vorlie-
be für die glamouröse, wohlbeleibte Madame de Maintenon, die schon über die Menopause hinaus war, als sie
sich heimlich mit einem König vermählte (König Ludwig
XIV.). Es heißt, um einen französischen König zu bekommen, musste man sich durch eine ganze Wand von Frauen
hindurchschlängeln. Da erscheint es umso erstaunlicher,
dass es ausgerechnet diese Großmutter ins Zentrum des
Geschehens geschafft hat. Doch die Bezeichnung ist hier
kaum passend. Im Alter von fünfundsiebzig Jahren beklagte
sich Madame jedenfalls bei ihrem Priester darüber, dass der
König darauf bestand, jeden Tag mit ihr Sex zu haben,
manchmal sogar mehrmals. Madame de Maintenon besaß
im Alter eine starke und verführerische Ausstrahlung – sie
war unwiderstehlicher als zu der Zeit, in der sie noch jung
und schlank war. Wo immer sie erschien, wurde sie zum

strahlenden Mittelpunkt. Der König, der die mittägliche Sonne zu seinem Wahrzeichen gemacht hatte, fühlte sich von ihr in den Schatten gestellt und lernte, demütig zu sein. Durch sie wurde er sich seiner eigenen Mittelmäßigkeit bewusst. An einem Hof, an dem Posen und Pomp dominierten, blieb sie bescheiden und gleichzeitig geistig anregend und einflussreich – eine Person, mit deren Meinung gerechnet werden musste.

Es ist offenkundig, warum jemand in fortgeschrittenen Jahren über Alter und Macht nachdenkt, doch mit nur einunddreißig Jahren? Jackie wollte das Trainingsprogramm zur Macht gleich von Anfang an auf höchstem Niveau studieren. Macht ist die berauschendste Kraft der Welt, und die berauschendste Macht erwächst aus Erfahrung und Reife und dem Wissen, alles Erdenkliche gesehen und getan zu haben. Kehrt dann die kreative Energie zurück, so stark wie in jungen Jahren, so besteht die Chance, die eigene Kraft nun in sinnvolle Bahnen zu lenken und auf diese Weise das bestmögliche Ergebnis erzielen zu können.

Aber eine alte Hexe wie Madame? Eben, genau wie Madame! Sie war keine Sklavin der Männereitelkeiten; sie liebte, war aber trotzdem frei. Im Alter war Madame in höchstem Maße weiblich und bediente sich zugleich ihrer vollen Verstandeskräfte, genau wie ein Mann. Sie konnte es sich erlauben, übellaunig zu reagieren, wenn ihr etwas krumm kam, aber genauso konnte sie als aufgeklärter Geist Einfluss nehmen, wenn ein klares Wort gefragt war. Ihr lag ein König zu Füßen, doch ihr Einflussbereich ging noch darüber hinaus. Mit einem Dutzend oder mehr Frauen ihres Schlages begründete Madame de Maintenon politisch einflussreiche Zirkel. In ihren Häusern eröffneten diese

Frauen Salons, dachten sich Gesprächsthemen aus, lockten die hellsten Köpfe ihrer Zeit in ihre Mitte und benutzten diese Form der Konversation, um Ideen in die Gesellschaft zu transportieren. Die Vorstellungen, die von diesen reifen »Best-Ager«-Frauen befördert wurden, befruchteten Männer in hohen staatlichen und politischen Positionen und formten dadurch eine Gesellschaft, die nach Wahrheit und Schönheit trachtete. Das Paris der Salons im 18. Jahrhundert entwickelte sich zum Zentrum der Welt und zur Inspiration für die Französische Revolution. Benjamin Franklin umwarb die Damen der Salons wegen ihres politischen Verstands und ihrer guten Verbindungen zu wichtigen Persönlichkeiten. Sie besaßen etwas, was sie als junge Frauen noch nicht gehabt hatten – eine Art magischer Formel, die sie wie die Sonne um die Mittagszeit in den Zenit rückte.

Nach dem Vorbild der Madame de Maintenon richteten sich in den nachfolgenden einhundert Jahren einflussreiche Personen im Zentrum der Macht ein. Heute folgt die Menschheit dem männlichen Prinzip. In weniger geldbesessenen, kreativen Zeiten waren erfahrene Frauen die Leitfiguren. Sie bildeten ein loses Frauennetzwerk oder Matriarchat – Zirkel innerhalb von Zirkeln der Macht. Sie führten nicht nur mit Männern Gespräche, sondern sehr intensiv auch miteinander. Ihr Netzwerk bestand aus der geschickten Verknüpfung gesellschaftlicher Plattformen und machte sie zu Personen, mit denen man rechnen musste. Sie wurden zu einer Armee der Frauen – einer Art Taliban der Frauen –, die auszogen, eine Gesellschaft zu schaffen, die auf die höchste Form des Friedens gegründet sein sollte: auf *amor mundi*, die Liebe zur Welt. Sie schätzten Menschen außerhalb ihrer Familien, genauso wie sie Familienmitglieder schätzten. Denn was besaß schon ein einzelner Mensch oder auch eine Familie, was sie nicht alle zu geben hatten? In einem Alter, in dem diese Frauen in ein Schattendasein hätten versinken, in einer auf Zweckdienlichkeit ausgerichteten Gesellschaft hätten isoliert werden können, betraten sie die große Bühne der gesellschaftlichen, kulturellen und politischen Einflussnahme. Kein Wunder also, dass Madame de Maintenon die Aufmerksamkeit und Bewunderung der jungen Jackie Kennedy erregte, die ihrem Beispiel folgte, um sich selbst als Amerikas Königin zu etablieren – eine Position, die ihr dann jahrzehntelang vorbehalten blieb, wer auch immer ihr als First Lady folgte.

Leitfiguren wie Madame waren vollendete Strateginnen. Sie konnten sich ganz auf ihr Ziel konzentrieren, die Welt zu verbessern, weil sie wussten, wer der *wahre* Feind war: die Zeit! Eine junge Frau wird vielleicht noch ausgebremst, ihre Energien von einem schwierigen Ehemann, einem paranoiden Chef, einem eifersüchtigen Freund oder durch ihr eigenes beschädigtes Selbstbewusstsein in Beschlag genommen. Doch im Alter verlieren solche kleineren Feinde ihre Schlagkraft. Sie verwirren uns nicht mehr und lenken uns nicht mehr ab. Vielmehr kann man im Alter aus einer Position der Stärke heraus handeln, um der Zeit entgegenzutreten und einen Waffenstillstand mit ihr zu schließen. Zeit stiehlt Jugend, Schönheit und Zuversicht. Doch alles, was die Zeit von Madame nehmen konnte, waren Dinge, die sie gerne losließ: die schmale Taille, den zarten Nacken und die Reihe der Kinder, die nun ihre eigenen Nester bauen mussten. Sie wusste, wo sie vielfachen Ersatz für alles finden konnte, was sie verloren hatte. Jackie hätte bei jedem der zahlreichen Präsidentenberater Rat in Fragen der Macht finden können. Doch sie suchte sich ihre Lehrer sehr sorgfältig aus. Ihre Leitfiguren besaßen einen siebten Sinn, der Männern fehlt: ein Gefühl für das richtige Timing. Genauer gesagt: Sie wussten ihr Leben auszukosten – nicht durch Glorifizieren irgendeiner entfernten Vergangenheit oder durch die Hoffnung auf eine weit entfernte Zukunft. Die Frauen holten aus jedem Augenblick alles heraus. Das Alter war eine Form des Reichtums für sie und jedes gelebte Jahr eine Einzahlung auf Konten namens Klugheit, Spontaneität, Ungezwungenheit, Erfolg und Spaß!

Frauen, Alter und Macht – mit diesem Thema eröffnet sich ein völlig neues und ertragreiches Betätigungsfeld! Die Vorstellung, dass Alter in jeder Hinsicht zum Wachstum führt und keineswegs in die Verkümmerung, ist neu. Und sie ist zutreffend: Frauen leben heute länger denn je, und viele von ihnen werden immer reicher – eine Folge von Witwendasein und Scheidung. Macht ist eine Entdeckung des reifen Lebens: Für Schriftstellerinnen kommt der Akt der Selbstentfaltung später im Leben als für Männer. Männer neigen dazu, auf einem recht vorhersehbaren Weg zum Erfolg zu gehen, Frauen verändern sich oft erst nach einem Erweckungserlebnis. Worin liegt das späte Erwachen der Frauen? Welche Machteigenschaften kommen so spät zum Vorschein, wie späte Gäste, die einer Party erst den richtigen Schwung verleihen?

Es heißt, die Jahre zwischen fünfzig und sechzig seien das kreativste Jahrzehnt des Lebens, die zwischen sechzig und siebzig stünden im Zeichen von Freiheit und die Jahre nach dem Siebzigsten im Zeichen von Würde. Doch solches Gerede erscheint wie die Mär vom kalorienfreien Käsekuchen. Die Leute sagen zwar, ein Stück davon würde schon keinen Schaden anrichten, aber Sie selbst wissen ganz genau, dass es doch der Fall ist. Das Alter scheint beides zu beinhalten: einerseits das genaue Gegenteil von Kraft und Macht, andererseits den Inbegriff von beidem. Doch wie kann Alter sowohl ein großes Geschenk als auch eine kostspielige Erwerbung sein?

Die Antwort ist, dass die meisten Menschen nicht wissen, wie man alt wird, und wieder andere sind besser darin, als sie je vermutet hätten. Wer es richtig anstellt, für den ist das Alter so etwas wie eine geistige Diät: eine Gelegenheit, toten Ballast loszuwerden, wie zum Beispiel den krankhaften Wunsch, es allen recht zu machen, die fixe Idee eines hohen gesellschaftlichen Status oder das Bedürfnis, modern und »in« zu sein. Denn immer, wenn die Zeit etwas mit sich fortträgt, bedeutet es, dass dafür etwas Wichtigeres zurückgelassen und gestärkt wird.

Wie Jackie bin ich ausgezogen, diese großartigen Frauen aufzuspüren, die Alter in höchste Reife verwandeln konnten – Alchemistinnen der Zeit –, und zu verstehen, auf welche Weise sie Verluste in unglaublichen Gewinn ummünzten. Wie haben sie es geschafft, beim Betreten von Räumen immer wieder alle Aufmerksamkeit auf sich zu ziehen, ganz gleich, wie viele junge Frauen zugegen waren? Warum wurden sie im Alter immer interessanter, offenkundig immun gegen den Mahlstrom der Zeit? Warum wurden sie als Leitbilder ernster genommen – und dennoch als weiblicher betrachtet! – als in ihrer Jugend? Wie brachten sie es fertig, gleichzeitig weniger zu arbeiten und mehr Gewinn zu erzielen? Ihr Geheimnis verbirgt sich in einem heute verlorenen Verständnis von Weiblichkeit, das Erfahrung und Reife bedeutet.

Ich habe Hunderte von Biographien durchsucht, um dem Geheimnis auf die Spur zu kommen, wie einige Frauen auf herausragende Weise gealtert sind – wie es ihnen also gelungen ist, die Jahre zwischen fünfundvierzig und neunzig zu den besten ihres Lebens zu machen. Der Mensch wird erst in der zweiten Hälfte des Lebens zu einem Ganzen, erst dann fügen sich die unterschiedlichen Teile zusammen. Es ist offenkundig, dass sich Reife anders definiert als Jugend, weniger in Begriffen des Erfolgs als in Glück. Die Menschen behaupten, dass Leben, Freiheit und das Streben nach Glück im Mittelpunkt unserer Existenz stehen. Doch während es viele Streiter für Leben und Freiheit gibt, wissen wir nicht, wie wir unser Recht auf Streben nach Glück, das wir im reifen Alter dringend brauchen, verteidigen sollen. Ich habe im Leben derer, die die Zeit überlisten, immer wiederkehrende, einfache Muster und Handlungsweisen beobachtet. Sie versuchen nicht, die Uhr zurückzudrehen, um die Jugend zu imitieren. Sie leben vielmehr nach einer bestimmten Strategie: dieser Form von Weiblichkeit, die heutigen Zeiten verlorengegangen ist. Das Geheimnis dieser die Zeit besiegenden Weiblichkeit habe ich in den Biographien der Leitfiguren gefunden: Es sind ewige Wahrheiten darüber, wie man sich unsterblich macht, was es bedeutet, zur vollendeten Reife zu gelangen, und wie es gelingt, durch die urweiblichen Strategien möglichst lange auf dem persönlichen Höhepunkt zu verweilen.

Die Frauen, über die ich hier spreche, waren Menschen, an denen man nicht vorbeikam: durch ihre Hände sind die Geheimnisse der ganzen Welt gegangen. Ich bin nicht mehr der Meinung, dass Beispiele großer Frauen auf uns andere einschüchternd wirken könnten. Warum sollten wir uns nicht die besten Leitbilder suchen? Wer betrachtet zur Inspiration schon mittelmäßige Gemälde? Große Kunstwerke beleben und bereichern uns, auch wenn wir sie oder die Art, in der sie gemacht sind, vielleicht nie voll und ganz verstehen werden.

Mich hat vor allem interessiert, wie sich eine Frau im reifen Alter neu entdecken und lieben lernen kann – eine Erfahrung, die mit den quälenden Unsicherheiten der Jugend gar nichts gemein hat. Maßgeblich für ihre Macht und Ausstrahlung im späteren Alter ist, wie Frauen die Angst, von niemandem mehr beachtet oder geliebt zu werden, in den Griff bekommen. Frauen sind nie unsichtbar, auch wenn sie älter sind, im Gegenteil: die Leute betrachten sie nur mit völlig anderen Augen als zuvor, als sie jung waren. Wenn Frauen lernen, wie sie wahrgenommen werden, halten sie den Schlüssel zu ihrer Macht in Händen.

Dieses Buch ist ein Leitfaden zur Macht; Leitfaden im Sinne eines Arbeitsbuchs zu grundlegenden Taktiken. Und Leitfaden im Sinne einer »Grundierung«. Alles, jede Farbe, jede neue Form, die Sie Ihrem Leben, Ihrer Liebe und Ihrem Glück geben, werden heller strahlen und verführerischer sein, weil Sie die Grundprinzipien der Mona-Lisa-Strategie verinnerlicht haben.

Das reife Alter definiert die männlichen Tugenden neu in eine weibliche Sprache, und so wird dieses Buch zu einem Ratgeber für beide Geschlechter. Die Weisheit der Reife

kann man am besten im Wort »Ritterlichkeit« zusammen-
fassen. Ritterlichkeit ist mehr, als einfach nur ein guter
Mensch zu sein. Das reife Alter zeigt Respekt für das, was
ästhetisch angemessen oder notwendig ist. Traditioneller-
weise ist Ritterlichkeit mit dem Verhalten von Männern
gegenüber Frauen verknüpft, das eine bestimmte Art von
Schwäche bei den Frauen voraussetzt. Weibliche Ritterlichkeit bedeutet Beschützen, sicheres Auftreten, Liebe zu
Idealen und eine reife Aufmerksamkeit für die Menschen
in unserem Verantwortungsbereich, verbunden mit einem
Sinn für Ironie – der Fähigkeit, sich selbst ernst zu nehmen
und sich gleichzeitig mit Witz zu betrachten.

Alles, was mit reifer Stärke und Macht zu tun hat, unterscheidet sich grundlegend von dem sogenannten »Gold-
standard« oder Leitprinzip, dem Machiavellis *Der Fürst* und
andere klassische Texte folgen und immer dasselbe Muster
aufweist: erst ein Zustand der Irritabilität, dann eine un-
umkehrbare Tat, wodurch sich die Handlung tragisch zu-
spitzt, und am Ende steht immer einer als Sieger und der
andere als Verlierer da.

Ein neues Gefühl für Zeit und das richtige Timing verändern den eigenen Blick auf die Welt. Junge Menschen
brauchen die Suche nach dem ganz Neuen, dem sie sich
schnell anschließen. Reife Ideen können durchaus auch
einmal eine explosive Qualität annehmen, bewegen sich
aber in traditionelleren Bahnen: Es ist ein Gang *gegen* den
bewegten Strom der Innovation. Anstelle des Verlangens
nach dem Einzigartigen die Hinwendung zum Eigent-
lichen, Wesentlichen – zu dem, was sich außerhalb von
Zeitgeist und Trends befindet. Das klingt vielleicht kom-
pliziert, aber nur deshalb, weil es ungewöhnlich ist. Um

uns von der Zeit unabhängig zu machen, müssen wir nur ein wenig umdenken. Anstatt Trends als Maßstab zu nehmen, halten wir uns an das Wesentliche als ein zeitloses Element. Es verwirrt und blendet uns mit reiner Schönheit und Echtheit.

Die Krankenschwester Cicely Saunders begann im Alter von fünfundvierzig Jahren mit dem Medizinstudium, um Ärztin zu werden, denn sie wollte sich den Respekt erwerben, den sie brauchte, um die bis dahin noch kaum bekannte Palliativmedizin zu etablieren. Das war ein ketzerisches Unternehmen für die Schulmedizin, die darauf ausgerichtet war, mit ungeheurem finanziellem Aufwand und auf Kosten der Patienten Therapien zu entwickeln. Saunders hatte beobachtet, dass die Medizin die Patienten oft brutal misshandelte, um sie zu heilen; wenn die sogenannten Therapien scheiterten, ließen die Ärzte die Patienten einfach fallen. Als Saunders von ihrem Plan berichtete, sagte ihre Mutter zu ihr: »Du willst mit fünfundvierzig anfangen, Medizin zu studieren? Dann wirst du bei deinem Abschluss ja fünfzig Jahre alt sein!« – »Mutter«, antwortete Saunders, »ich werde sowieso fünfzig werden müssen, warum also nicht als Ärztin?«

Saunders begründete das erste »Western Hospice«, ein Hospiz, in dem eine bestimmte Form der Pflege und Organisation gelebt wird, um diejenigen Menschen zu behandeln, die von den Ärzten aufgegeben wurden. In einem Hospiz sterben die Kranken nicht ohne Pflege, allein oder ohne dass ihre Schmerzen behandelt werden. Das Modell von Saunders, das Patienten erlaubt, ihre Behandlung zu bestimmen, hat das paternalistische Modell der traditionellen Medizin verändert. Saunders begründete das St. Christopher's in London, ein Heim für Sterbende, das so spirituell ist wie eine Kirche, und legte damit den Grundstock für die moderne Hospizbewegung. Das war keineswegs etwas Neues. Schon seit dem Mittelalter hatten Hospize kranke Pilger aufgenommen. Doch St. Christopher's forderte die klassische Medizin heraus, ihre Grenzen und Schwächen zu erkennen, und zeigte so auf das Unveränderliche, Wesentliche in der Auffassung vom Leben: Niemand sollte allein oder mit Schmerzen sterben. Dagegen sollte das Sterben wie das Geborenwerden sein, ein Übergang, der so bewusst wie möglich zu durchschreiten war. *Dieses Eigentliche zu finden, das andere zu verändern vermag, bedeutet, das Wesentliche im Selbst zu entdecken.*

Darum geht es in diesem Buch: Wir müssen die unserem Leben zugrundeliegende Kraft finden, um Inspiration für eigene schöpferische Werke zu erlangen und um Dinge zu kreieren, die zu einem so unverzichtbaren Bestandteil des menschlichen Lebens werden, dass die Zeit sie nicht einfach wegwischen kann. Vielmehr wird die Zeit uns darin unterstützen, diese von uns geschaffenen Dinge am Leben zu erhalten, vielleicht sogar für immer.

In dieser »Kriegskunst gegen die Zeit« begegnet man der Zeit auf ganz neue Weise. Die Bildhauerin Louise Nevelson entwickelte sich im Alter, ähnlich wie Picasso, zu einer größeren Künstlerin als in ihrer Jugend. Zuvor besorgt wegen des Verlusts der Fruchtbarkeit mit der Menopause, hatte sie im Alter von neunundfünfzig Jahren eine ganz andere Einstellung dazu entwickelt. Sie sprach jetzt von neuen Energien, die wie ein Ozean in die Kreativität flössen: Befruchtung statt Fruchtbarkeit. Fruchtbarkeit ist der Zustand, in dem man schwanger wird. Befruchtung bedeutet, andere schwanger werden zu lassen, zu nähren, mit Samen, Korn, Blüten zu überschütten. Die Ernte ist die Zeit der Reife. Nevelsons Gefühl für ihre Vitalität wuchs mit der Zeit. Anstatt wie in ihrer Jugend weiterhin dekorative Objekte zu schaffen, empfand sie sich nun als Person, die auf ihre Umgebung Einfluss nahm. Indem sie die Zeit besiegte, überwand sie auch den Raum. Ihr Größenmaß expandierte. Die Landschaften, die sie schuf, wurden zu ganzen Weltreichen, die aus tausend Dekonstruktionen der wirklichen Welt entstanden. Ihre reifen Arbeiten waren Wände, Strukturen, Überdachungen … Orte, die die Erfahrung von Raum neu definierten.

Wie Jackie, so entdeckte auch ich in der langen Geschichte weiblicher Befruchtung die Quelle, das Vorbild, die Patin, die Urmutter aller Leitfiguren. Sie lebt seit über fünfhundert Jahren und sieht keinen Tag älter als dreißig aus. Sie ist alterslos, zeitlos. Sie stammt aus Frankreich (ihr Wohnort ist der Louvre in Paris), doch von Geburt ist sie Italienerin: Sie wurde im 16. Jahrhundert in Florenz geboren – jener Epoche, in der sich die Maler durch die Schlichtheit und unmittelbare Ausstrahlung der Madonnen und der schönsten Frauen der Zeit betören ließen. Aus ihren Werken ragt ein Bildnis deutlich heraus: die Mona Lisa, die als Leonardo da Vincis Beitrag und Mittel zur Unsterblichkeit bezeichnet wird. Für die Menschen ist sie weit mehr als ein Gemälde. Jedes Jahr kommen zwei Millionen Besucher in ganzen Busladungen von weit her angefahren, um die Mona Lisa ein paar Sekunden lang anstarren zu dürfen. Sie nehmen ihr Bild in sich auf, bevor die Menge sie weiterschiebt. Die Menschen blicken sie an und haben das Gefühl, als würde sie zurückschauen.

Hier wird ein bleibender Eindruck hinterlassen. Hier ist jemand im Alter alles andere als unsichtbar geworden. Hier ist ein einfaches Gesicht, mit Demut und Größe geschmückt. Es ist kein Wunder, dass dieses Gesicht die Zeit herausgefordert hat. Es dominiert alle anderen Gemälde der Welt. Wenn es nun als Leonardos Beitrag zur Unsterblichkeit betrachtet werden soll und wir diese Lektion auf uns »Bildnisse« aus Fleisch und Blut anwenden, dann lernen wir vielleicht, uns wie dieser große Künstler und sein Werk über Zeit und Raum hinwegzusetzen. Die Mona Lisa ist unsterblich. Sie ist zu einer mächtigen Kraft geworden, obwohl sie nur ein kleines Bildnis auf einem Stück Holz ist, nicht viel größer als eine Butterbrotdose. Sie ist nicht schön, noch nicht einmal hübsch. Wenn sie eine lebendige Frau wäre, würde man sie in der U-Bahn kaum wahrnehmen. Und dennoch fordert sie Aufmerksamkeit. Mona Lisa ist ein neues Wesen, zart und ernst. So entfernt und winzig, wie sie ist, hat sie doch unsere Kultur geprägt.

Welche Frau wollte nicht auch diese bildliche Macht besitzen – eine Kraft, die sich aus dem Geheimnisvollen, aus Magie und Autorität speist? Gibt es eine edlere Herkunft? Gibt es einen besseren Spiegel, in dem man sein eigenes Bild sehen möchte? Gibt es ein besseres Vorbild dafür, wie man allein durch die eigene Präsenz die Aufmerksamkeit anderer erregt, sie an sich heranzieht und mit ihnen eine Verbindung eingeht, die sie niemals verlieren werden, auch wenn sie längst gegangen sind?

Leonardo studierte Anatomie und träumte gern, und er

führte häufig Experimente durch, wie man ein Ding in ein anderes umwandeln könnte: Blei in Gold, einen Blasebalg in Vogelflügel – und Traubenkernöl in eine lebendige Frau, die mit ihren Augen anderen durchs Zimmer folgt, die warm und lebendig wirkt und die es auf machtvolle Weise geschafft hat, nun bereits über fünfhundert Jahre zu leben.

Es ist unsere Aufgabe, uns selbst in den Geist dieses gemalten Bildnisses zu versetzen – sie ist die magische Person, und zwar nicht wegen der Dinge, die sie tut (sie »tut« nichts). Ihre Gegenwärtigkeit wird unsere Lehrerin sein. Vielleicht werden wir ergründen, auf welche Weise ein Maler eine so mächtige Gegenwärtigkeit schuf, die mit der Zeit nicht blasser, sondern nur noch strahlender wurde.

Leonardo da Vinci gelang, was noch kein Gott bisher erfüllte: Er schuf eine Frau, die älter wird, aber schön bleibt – eine Frau, die nie stirbt.

Wenn Sie alt genug sind, um an den Weihnachtsmann zu glauben

Nehmen wir dieses Gemälde als Beispiel, um eine neue Geschichte vom Alter zu erzählen, bestehend aus zehn Wundern über reifes Verhalten. Zusammen bilden sie die Mona-Lisa-Strategie ab, die Königinnen und Königen zur Macht verhilft, nicht aber jungen Fürsten. »Wunder« ist ein wichtiger Begriff für die Kostbarkeiten, die man in der Reife finden kann, obwohl es ein Begriff ist, den man mit Kindheit verbindet und der bedeutet, die Zeit zu überlisten. Ein Wunderkind mag vielleicht im Alter von fünf Jahren Mozarts Requiem spielen oder Schachmeister mit einer Geschicklichkeit schlagen, die unmöglich das Ergebnis seiner Lebensjahre sein kann. Ein Wunderkind kann sich vielleicht nicht die Schuhe zubinden, aber dennoch die Heiterkeit wahrer Kunst empfinden. So gibt es auch Wunder der Reife – Geschenke, die man nur entgegennehmen kann, wenn man älter wird. Damit meine ich Kostbarkeiten, die viel aufregender sind als »bloße« Weisheit.

Aus welchem Grunde sind die Wunder der Reife nützlich? Eine Frau drückte es so aus:

> *»Ich will leben, bis ich 102 Jahre alt bin, und zwar so lebendig, wie ich es heute bin. Und bei meinem Tod will ich genug Geld hinterlassen, dass es erstens für die Ausbildung aller meiner Enkel und zweitens noch für die meines trauernden jungen Ehemannes reicht.«*

Die Wunder der Reife erlangt man nur, wenn man den Fokus nicht verliert. Das ist eine Gefahr des Älterwerdens, und ohne Fokus haben wir keine Energie. Ohne Energie ziehen wir das Fade und Energielose an: Wir ziehen immer an, was wir in die Welt hineingeben.

Eine junge Frau kann Verehrer anziehen, Erfolg im Beruf haben und weithin bekannt und bewundert sein. Doch ältere Frauen übertrumpfen die Errungenschaften der Jugend. *Sie* sind es, die in der schillernden Oberfläche die Fata Morgana erkennen. *Sie* gewinnen die wichtigen politischen Wahlen. *Sie* gehören zu den Auserwählten, die in die Gemeinschaft der Inhaber institutioneller Macht, wie Universitätsrektoren, Orchesterdirigenten, Geschäftsführer und Vorstandsmitglieder, eingeladen und dort als Gleichrangige oder Überlegene behandelt werden.

Die Jugend kann uns also kaltlassen. Wir sagen, wir wollen jung sein. Aber wollen wir das wirklich? Die zwanziger und dreißiger Jahre einer Frau sind alles andere als großartig. Unsere Kultur pflegt eine Hassliebe zur Jugend. Wir drängen die Jungen, so schnell wie möglich erwachsen zu werden, und leiden dann unter unstillbarer Jugendnostalgie.

Jugend ist eine Krankheit, sie leidet unter dem »Unreife-Syndrom«. Jugend fordert Erfolg, gibt sich dann aber mit bloßem Nicht-Scheitern zufrieden. Das Zweitbeste wird gepriesen; Mittelmäßigkeit bei Filmen, in der Technik und der medizinischen Versorgung. Künstler dagegen freuen sich über ihre Reife, weil ihr Talent dann endlich mit Können einhergeht. Das Lieblingssymbol der Renaissance war der Maulbeerbaum, weil er spät blüht und nur einmal alle paar Jahrzehnte, dann aber in voller Blüte steht. »Eile mit Weile«, lautete das Motto von Leonardo. Er wusste jene Dinge zu schätzen, die lange reifen – Arbeit, Ideen und Leidenschaften, die sich machtvoll Bahn schaffen, von Anfang an vollkommen und sehr lebendig.

Von dieser Qualität sind alle Meisterwerke, sei es nun das England der Renaissancezeit unter Elisabeth I. oder die Co-Präsidentschaft von Abigail Adams mit ihrem Mann John um das Jahr 1800. So ist es auch bei der »Wiedergeburt« von Jane Goodall, der Verhaltensforscherin und Schimpansen-Expertin, die aus dem Schatten ihres Mentors Louis Leakey heraustrat und zu einer selbständig wirkenden, kreativen Kraft bei der Beobachtung und dem Schutz von Tieren heranwuchs. Oder nehmen wir Katharine Graham, vormals eine vielfach gedemütigte Hausfrau: aus ihr wurde die international berühmte Zeitungsverlegerin, die die Presse zu einem Medium machte, das Politiker fürchten und respektieren mussten. Oder die Mona Lisa von Leonardo da Vinci. Das alles sind Wunder der Reife. Solche Frauen definieren Zeit neu, und zwar nach ihren eigenen Bedürfnissen, anstatt sich von der Zeit besiegen zu lassen. So ist eine »Schreibblockade« für die Freundin langer Reifezeiten eher ein kreativer »Gedankenfluss«. Der Roman »Gilead« von Marilynne Robinson, für den sie den Pulitzer-Preis bekam, wurde über die Zeitspanne von vierundzwanzig Jahren nicht geschrieben, sondern nur gedacht. Das ist die Art des neuen Timings, für das Jugend- und Entwicklungsmodelle keine Rolle spielen, dafür aber die Leistungen reiferer Menschen. Eine lange Startbahn bedeutet einen hohen Abflug.

Wie Sie durch Regeln vergangener Zeiten vorankommen

Doch warum sollten wir versuchen reifer zu werden, wenn um uns herum Reife mit dem Verlust an Schönheit und Macht verwechselt wird? Greta Garbo begann, noch bevor sie vierzig war, sich zu verstecken. Goldie Hawn spielt mit über sechzig nur noch verlassene Ehefrauen. Germaine Greer predigt, dass die wirkliche sexuelle Befreiung einer Frau die Befreiung vom Sex wäre. Das alles ist nur Ausdruck der Angst vor dem Alter. Wie anders sehen die Dinge aus, wenn Sie einmal genau beobachten, wie sich der Faktor Zeit verändert, wenn Sie die Marke der Fünfundvierzig überschreiten.

Sie wissen ja: wenn man den Äquator überschreitet,

wird aus dem Winter Sommer, und der Strudel der Toilettenspülung dreht sich plötzlich gegen den Uhrzeigersinn. Auch wenn Sie die Äquatorlinie der Fünfundvierzig oder Fünfzig überschreiten, ändern sich die Naturgesetze, und reife Frauen erhalten eine neue Überlegenheit.

Hier folgt das erste Gesetz der gegenläufigen Zeit und der Über-Weiblichkeit:

Wenn eine reife Frau einen Mann verführt, dann wird er schwanger und nicht sie.

Ein Mann könnte diese Macht nicht über einen anderen Mann haben, ebenso wenig, wie eine junge Frau vergleichbare Kräfte besitzen könnte. Eine reife Frau befruchtet andere mit Ideen, mit Geheimnissen, mit Freiheit und Verspieltheit – und nicht nur *einen* Mann. Sie hat das Potenzial, auf einen oder auch auf Hunderte von Männern Einfluss auszuüben, ebenso auf eine Frau oder eine ganze Schar von Frauen – und zwar auf allen Gebieten: im Privaten, in der Gesellschaft und in der Politik.

Die Gesetze der gegenläufigen Zeit ermöglichen es uns, das Bild oder die Maske der Weiblichkeit zugunsten der dahinterstehenden Wirklichkeit abzuwerfen.

Das zweite Gesetz der gegenläufigen Zeit und der neuen/alten Weiblichkeit lautet wie folgt:

Mit fünfzig wird eine Frau für das gelobt, was ihr früher vorgeworfen wurde.

Emily Dickinson erhielt ihren ersten Heiratsantrag nach ihrem fünfzigsten Geburtstag, und sie schrieb ihre besten

Gedichte mit über fünfzig, darunter auch Briefe, die zu den schönsten in der Literatur gehören. Sie strafen das Bild von der Einsiedlerin von Amherst, ihrem lebenslangen Wohnort, Lügen. Ihre Art, sich zurückzuziehen, verwandelte sich in ein Geben nach außen. Einigen wenigen auserwählten Frauen wuchs ihre Kraft zu.

Auch Georgia O'Keeffe trat als die Muse ihres Ehemannes Alfred Stieglitz aus seinem Schatten, um dann im Alter von siebenundvierzig in ihrem eigenen Zuhause, der hoch in der Wüste gelegenen Ghost Ranch in New Mexico, ihre eigene künstlerische Ausdrucksweise zu entwickeln. Zu internationaler Berühmtheit gelangt, zog sich O'Keeffe zurück, doch nicht ohne ihre kreative Arbeit weiterhin zu pflegen. Florence Nightingale erfand das britische Abwassersystem und das professionelle Krankenpflegewesen von ihrem Bett aus, nachdem sie ihre jungen Jahre damit verbracht hatte, Soldaten zu pflegen, die im Krimkrieg verwundet worden waren. Auch ihre Kraft entfaltete sich in einem besonderen und selbst geschaffenen Machtgebiet.

Madeleine Albright glaubte nicht daran, dass sie Außenministerin werden könnte. Sie war ganz sicher, dass ihre Sturheit und ihre Ansichten ihr selbst im Weg stehen würden – doch als sie sechzig Jahre alt war, da schienen diese Eigenschaften für sie und für Präsident Bill Clinton Stärken und keineswegs Schwächen zu sein. Die Schriftstellerin Edith Wharton hatte ihren ersten Orgasmus im Alter von fünfundvierzig. Colette veröffentlichte ihr erstes Buch unter eigenem Namen, als sie fünfzig war, und mit zweiundsechzig fand sie die wahre Liebe mit einem jungen Mann, der fast halb so alt war wie sie. Isak Dinesen ist das

Pseudonym von Karen Blixen, der Autorin von »Jenseits von Afrika«, die erst mit Ende vierzig anfing, professionell zu schreiben. Sie hatte nie geglaubt, dass sie zur Künstlerin geboren sein könnte, doch die Trauer darüber, ihre Farm und ihren Geliebten in Afrika verloren zu haben, machte sie zur Schriftstellerin und schenkte ihr ein zweites Leben. Die Architektin Zaha Hadid war zwanzig Jahre lang die persönliche Horrorvorstellung von allen, die mit ihr zu tun hatten: Sie erhielt immer wieder Aufträge, um etwas Großes zu bauen, doch sie verlor sie ebenso regelmäßig und ließ ihre Fans in schrecklicher Ungewissheit zurück. Schließlich gewann sie im Alter von dreiundfünfzig Jahren den international berühmten Pritzker-Preis, und damit war ihr Ruhm dauerhaft etabliert.

Hadids großartige Entwürfe siegten nur deshalb, weil sie nicht von einer jungen Frau stammten – da wären sie als seltsam abgetan worden –, sondern von einer älteren Frau mit Visionen; da wirkten sie faszinierend. Gebäude wie seltsame Nudeln oder Brücken, so futuristisch wie Wurmlöcher, wurden nicht mehr als bizarr und bedrohlich empfunden. Von einer älteren Frau geschaffen, betrachtete man sie als einen Teil der Tradition: nicht als unreif oder unfertig – wie Nudeln ohne Soße –, sondern als kunstvoll geformte Gebilde, die von antiken römischen Bauten und barocken Schnörkeln beeinflusst waren. Die Zeit hatte einen Waffenstillstand mit Hadid geschlossen – oder hatte Hadid einen Waffenstillstand mit der Zeit ausgehandelt? Jedenfalls wirkte sie jetzt endlich nicht mehr eigenartig – also: bizarr und unheimlich –, sondern wie eine Visionärin mit einem Händchen für Geschichte. Sie wurde zu ihrem eigenen gegenläufigen Gesetz.

Eines Tages werden wir reif genug sein, zu verstehen, was in O'Keeffes Wüstenbildern steckt, in Dickinsons stummen Gedankenstrichen, die sich durch ihre Texte ziehen (vgl. S. 158), in Albrights Brillanz, in Saunders' entschlossenen Handlungen, die die Kraft eines Gebetes hatten, in Whartons Hingabe an eine andere Person in einem Alter, als sie endlich ihr Schicksal selbst bestimmen konnte, in Karen Blixens Überwindung einer verfahrenen frühen Ehe und ihrer Hinwendung zur aktiven Liebe zur Welt und in Hadids Anerkennung, die sie schließlich für Innovationen erhielt, die andere ihr hatten abspenstig machen wollen.

Menschliche Zufriedenheit gründet sich nach allem, was wir wissen, auf die Vorstellung von Entwicklung, Wachsen oder Weiterkommen. Das beeinflusst unser Gefühl für die Zeit dahingehend, dass das Nächste, was kommt, uns immer schon reizvoller erscheint als das, was wir gerade haben. So ist es kein Wunder, dass, wenn wir bekommen, was wir wollen, es uns hohl erscheint und nur noch als ein Übergang zum nächsten Schritt. Ein menschliches Ankunftsmodell, nicht ein Entwicklungsmodell, würde zeigen, dass es der Abschluss ist, der uns am glücklichsten macht. Reife Frauen sind wie Wein: Trauben, in Geist verwandelt. Wie auch beim Wein kommt es auf die Verarbeitung an. Psychologen haben festgestellt, dass ein Kinogänger möglicherweise zwei Drittel eines Films abstoßend findet, ihn aber dennoch loben wird, wenn er ein besonders gutes Ende hat. Abschlüsse sind die Gipfelpunkte der Erfahrung. Jetzt sind wir endlich der Mensch geworden, der wir sein wollten … vielleicht der Mensch, der zu sein wir bestimmt sind.

Hier ist das dritte Gesetz der gegenläufigen, die Frauen begünstigenden Zeit:

Im Alter kann eine Frau jünger sein, als sie es je war.

Dieses dritte Gesetz ist das spannendste, denn wenn wir seine Wahrheit begreifen, dann wissen wir, dass die Zeit uns kaum mehr im Griff hat. Dieses Gesetz erlaubt uns, die Zeit zu durchreisen, als wäre sie ein Land. Wir entdecken in uns selbst:

- einen rebellischen Zug, der sich darin ausdrückt, dass wir gegen alles angehen, was neu oder aktuell zu sein gilt;
- Hingabe als eine Form der Selbst-Herrschaft (auch als unproduktive Produktivität erlebt) – Hingabe an Spaß und Optimismus;
- den Wunsch, bedingungslose Liebe zu geben und zu empfangen. Romantische Liebe entpuppt sich als Illusion. Aber die bedingungslose Liebe erweist sich als absolut machbar. Und im reifen Alter stellen wir fest, dass die Liebe wichtiger ist als das bloße Überleben.

Eine wahre Streiterin gegen die Zeit erblüht unter diesen Gesetzen und benutzt sie, um zu einer der Zeit gleichrangigen Macht zu werden. George Eliot unternahm eine kreative Rebellion, als sie aufhörte, die Bücher anderer zu übersetzen, und anfing, ihre eigenen zu schreiben. Ihr Meisterwerk, »Middlemarch«, schrieb sie im Alter von fünfundvierzig Jahren. 1845 schrieb sie mit siebenundvierzig ihr zweites Meisterwerk, »Daniel Deronda«. Es halfen ihr zwei Menschen, die sie gleichzeitig von ihrem fünfundvierzigsten Geburtstag an bedingungslos liebten: ihr Verleger John Blackwood und ihr Lebenspartner George Henry Lewes. Sie fanden den Roman »Daniel Deronda« zu seltsam, zu anmaßend, neu und unzeitgemäß, als dass er ein Erfolg werden könnte, doch beide fuhren fort, Eliot in ihrer Arbeit daran zu bestärken. Und beiden war Eliot ewig dankbar. Als Lewes starb, hatte sie das Gefühl, halb tot zu sein, doch es glimmte noch ein rebellischer Funke in ihr. Sie sprach davon, dass sie sich dem Leben mehr denn je hingeben wolle. Der Hingabe folgte eine ausgedehnte, großzügige und experimentelle Zeit der Selbstbestimmung. Schon bald nach dem Tod von Lewes heiratete Eliot den jungen John Cross und starb sieben Monate später auf dem Höhepunkt ihres Glücks.

»Jugend kann nichts besitzen. Was kann man im Alter von dreißig Jahren schon genießen? Wenn man jung ist, kann man noch keine Früchte von einem Baum pflücken, den man selbst pflanzte. Es gab noch keine Zeit für die Freude oder das Nachdenken. In der Jugend ist man wie eine Schildkröte oder ein Rabe, der nur die bloße tierische Existenz lebt: Essen, Schlafen und Vermehren. Doch wenn nach der Jugend noch Jahre folgen, Zeit, in denen man sich zur Meisterin entwickeln kann — dann besitzt man alles, was das Leben zu bieten hat.«

Das schrieb Karel Capek in einem Theaterstück, einer Parabel, in der eine Frau mehrere hundert Jahre lang fünfundvierzig bleibt. Die Jungen beneiden sie, die Alten bewundern sie, und jeder will ihr Geheimnis erfahren. Doch als ihre Bewunderer es in Händen halten, verbrennt eine junge Frau, die sich vor der Macht der Reife fürchtet, das Papier, auf dem das Geheimnis geschrieben steht, und so geht es für immer verloren.

Oder hat sie es vielleicht nur für eine Zeitlang zerstört? Denn die verlorene Zauberformel scheint im Leben und Handeln der Frauen, die in diesem Buch beschrieben werden, wieder aufzutauchen.

George Carlin, amerikanischer Komödiant und Schauspieler, meinte mit achtundsechzig Jahren, jedes Alter in sich zu tragen, das er je durchlebt hatte: die fünfundfünfzig ebenso wie die einundzwanzig und das Alter von drei Jahren. Vor allem, sagte er, sei er drei Jahre alt. Überqueren wir also wie Carlin den Äquator des Alters, und wir werden erkennen, dass reifes Leben alle Alter enthält, die wir je erlebten.

Wenn wir jung sind, lernen wir kraftvoll und direkt zu sagen, was wir denken. Aber wenn wir gleichzeitig fünfundfünfzig und einundzwanzig und drei sind und mit einer Stimme sprechen, die alle diese Alter enthält, dann werden wir auch gehört.

Wie man dieses Buch gebraucht

Wer gegen die Zeit antritt, hat sonst keine Gegner. Nichts und niemand wird Sie schrecken. Es gibt keine Macht, die so destruktiv und unsichtbar ist, aber gleichzeitig so viel gibt und auch vergibt wie die Zeit – schließlich können wir nicht anders, als in der Zeit zu leben. Wer sich der Zeit entgegenstellt, der gewinnt eine ungeheure charakterliche

Stärke. Die Zehn Taktiken helfen Ihnen dabei. Sie sind aus den Beispielen großer Frauen der Geschichte entwickelt und zeigen die Praktiken des Widerspiegelns, der Positionierung, der Rhetorik, der Ernsthaftigkeit und des Aufbaus von Organisationen auf, die die zweite Hälfte oder das zweite Drittel des Lebens bestimmen.

Es liegt viel Macht in der Fähigkeit, sich selbst zu einer Leitfigur zu machen, die in ganz anderer Weise als die Jugend gesehen und gehört wird. Dies ist ein Buch darüber, wie man die Zeit für eine kleine Weile stillstehen lassen kann.

Man braucht die Taktiken nicht in einer besonderen Reihenfolge anzunehmen. Wenn man sie aber in der Weise bearbeitet, wie sie hier aufgereiht sind, dann kann man verfolgen, wie die großen Frauen der Geschichte ihre Erfahrung und Reife zu einer konzentrierten Macht der Reife entwickelt haben: zu einer gebieterischen Schönheit, eine Präsenz, die auf andere große Macht ausübt. Sie werden entdecken, auf welche Weise das Alter Sie stärker machen wird. Sie werden imstande sein, mit weniger Anstrengung mehr zu leisten. Ihre Gegenwart allein wird mehr als alle Aktivität der jungen Frauen bewirken. Sie werden erkennen, wie Sie wieder in die Mitte der Gesellschaft zurückkehren oder dauerhaft dort bleiben können.

Ihr Kompass ist auf die Mona Lisa ausgerichtet. Alle Strategien finden ihren grundsätzlichen Ausdruck in ihr. Sie ist Ikone und Beispiel, und sie im Gedächtnis zu behalten heißt, die gesamte Strategie im Blick zu haben. Sie werden sein, was Sie in ihr sehen. Das unsterbliche Bildnis des Leonardo da Vinci erinnert uns daran, wie man die Zeit in Fesseln legen kann. Da nimmt es nicht wunder, dass dieses Werk Millionen von Menschen bekannt ist und dass es so lange überlebt hat.

Frauen, Alter und Macht: Das ist unsere magische Formel. Doch das entscheidende vierte Element ist die *Strategie*. Die Länder unserer Erde befinden sich in sozialem und politischem Aufruhr. Nur Strategie – oder ein Zusammenschluss gegen die eigenen Schwächen und die der anderen – wird es einer Frau möglich machen, ihre eigene Lebensfreude und Lebenskraft wiederherzustellen und anderen Kraft zu verleihen. Nur eine Strategie, mit deren Hilfe wir so schnell wie möglich Reife erlangen, wird uns davor bewahren, von jungen Kerlen und Fieslingen wie in William Goldings *Herr der Fliegen* vernichtet zu werden.

Eine Strategie zu verfolgen macht uns aufmerksam und bewusst. Wenn wir nicht die volle Verantwortung für das übernehmen, was wir sind, oder für die Anforderungen, die jede denkbare Situation an uns stellt, dann werden wir immer schwächer werden. Wir verlieren ein Stück von uns selbst. Und das nächste Mal wird unsere Aufmerksamkeit in einem entscheidenden Moment nicht wach sein, wir können die Gelegenheit nicht ergreifen und werden eine Chance verpassen, unser Ziel zu erreichen.

Wenn Reife von *allen* Menschen wertgeschätzt wird, dann wird sie ihren wichtigen Platz im Privaten ebenso wie in der Weltpolitik wieder einnehmen. Dann wird die Mona-Lisa-Strategie erfolgreich gewesen sein, und niemand muss dieses Buch je wieder in die Hand nehmen.

Die Mona-Lisa-Strategie

10 Taktiken gegen Alter und Zeit

Taktik Nummer 1

Nur eine Frau, die größte Verluste erlitten hat,
kann sich unter die Unsterblichen einreihen,
denn sie ist immun gegen die Wunden,
die bloße Sterbliche ihr zufügen könnten.

Gegen die Zeit aufzubegehren erfordert mehr Kunstfertigkeit als Waffenstreit. Doch nur eine besondere Art der Kunstfertigkeit taugt dazu. Es hat keinen Sinn, die Zeit mit dem Skalpell des Chirurgen bekämpfen zu wollen, das macht aus einem lebendigen Menschen eine Plastikrose. Und nicht alles, was von Dauer ist, ist zugleich ein guter Ratgeber: vom alten Rom zum Beispiel kann man hier so gut wie nichts lernen. Alter und Trägheit – die Mitstreiter der Zeit – besiegten die Römer auf dem Höhepunkt ihrer Zivilisation in einer Vehemenz, wie es keine marodierenden Truppen und kein schlichter Feind je vermocht hätten.

Die Zeit zerstört mehr Zivilisationen und mehr geheime Träume als alle anderen Kräfte zusammengenommen. In dem Zeitraum zwischen heute und dem Moment, in dem Leonardo da Vinci die Arbeit an der Mona Lisa 1503 beendete, sind Staaten aufgestiegen und gefallen und

Menschen der Vergessenheit anheimgefallen. Und nichts anderes überdauert die Zeit als die Zeit selbst – mit triumphierendem Grinsen.

Das Anliegen dieses Buches ist es, Leonardos Schrift über die Unsterblichkeit, soll heißen, die Mona Lisa, für uns »lesbar« zu machen, damit wir in uns selbst sehen, was der große Maler in sich erkannte.

Wir suchen das Meisterwerk im Meisterwerk, das menschliche Gegenstück eines unsterblichen Kunstwerks. Dazu wollen wir die Natur unseres Lebenskampfs kennenlernen und die Person in uns finden, die über die Zeit Macht hat und auf die Reife wartet, um sich selbst entfalten zu können.

Alle Männer und alle Frauen fürchten die Zeit. Wenn wir jung sind, breitet die Zeit ihre Macht mit sanfter Kraft über uns aus. Sie schreitet mit einlullendem, wiederkehrendem Wiegeschritt voran. Wir wachen jeden Morgen auf, füttern das Baby, umarmen den Ehepartner, gehen zur Arbeit. Die Tage vergehen. Wir richten unser Leben nach Kalendern und Stundenplänen aus. Und plötzlich zeigt die Zeit ihr grausames Gesicht. Wir können sie nicht länger in den Hintergrund planen, sie rennt zu schnell. Wir versuchen, der Zeit ein Schnippchen zu schlagen, indem wir behaupten, mit fünfzig noch einmal vierzig zu sein. Durch solche Täuschungen geraten unsere persönlichen Königreiche ins Wanken.

DIE MAUERN VON ZEIT UND RAUM
GIBT ES NUR FÜR DIEJENIGEN,
DIE NICHT MEHR LEBENDIG SIND.
DOCH SIE HABEN MEHR MACHT
ÜBER DIE ZEIT, ALS SIE WISSEN.

Die Zeit ist ein mächtiger Gegner. Da sollten wir uns nichts vormachen. Aber Sie besitzen eine große Streitmacht. Gesundheit und Erfolg eines Menschen haben viel mit seinem Verhältnis zur Zeit zu tun. Ein gutes Gefühl für den richtigen Zeitpunkt kann jemandem eine Gehaltserhöhung einbringen, sicherstellen, dass eine Geschichte oder ein Witz gut ankommen, und das Herz öffnen, um sich »zur rechten Zeit« in den richtigen Menschen zu verlieben.

Und wie werden Sie zu einer Macht, die sich mit der Zeit messen könnte? Indem Sie sich vorstellen, dass das Leben unendlich ist. Denn wenn das so ist, schrieb die Schriftstellerin Aurore Dupin alias George Sand im 19. Jahrhundert, dann

> *»... wollen wir unseren Weg tapfer gehen. Ist es anders, und das Selbst verschwindet völlig, dann wollen wir die Ehre genießen, unsere Aufgabe, unsere Pflicht erfüllt zu haben – denn wir haben keine Pflichten außer uns selbst und unseren Mitmenschen gegenüber. WAS WIR IN UNS SELBST ZERSTÖREN, DAS ZERSTÖREN WIR AUCH IN IHNEN. Unsere Demütigung erniedrigt auch sie, unser Fall reißt sie mit in die Tiefe. Wir sind es ihnen schuldig, aufrecht zu bleiben, damit sie nicht herabgewürdigt werden.«*

Ein paar Dinge darüber, wie man die Zeit besiegt, wissen wir schon. Wir haben die Macht, Momente auszukosten, um mehr Glück aus ihnen zu gewinnen. Wenn wir fesselnd erzählen oder uns anderen in großer Vertrautheit zuwenden, dann können wir Stunden wie Minuten erscheinen lassen. Wenn wir einen Raum betreten, können wir alle Blicke auf uns ziehen, als gäbe es den Rest der Welt gar nicht – als wäre die Zeit bei unserem Erscheinen stehengeblieben. Mit dieser Fähigkeit entwaffnen wir die mächtige Zeit – eine unvergleichliche Art von Heldentum. Die Zeit zu betrügen heißt, den stärksten General der Natur außer Gefecht zu setzen. Mit diesem einfachen Wissen können wir die Mona-Lisa-Strategie einleiten.

Der sicherste Weg in die Katastrophe ist das Missachten der eigenen Stärke

Kraft und Macht wird immer mit Jugend gleichgesetzt – das liest man in allen Anleitungen über Kriegskunst und strategisches Handeln. Dabei erfordert jede Bühne des Lebens einen anderen Helden – und eine andere Strategie. Für die Jugend ist Schönheit die übliche Form des Heldentums. Jugend verlangt Aufmerksamkeit und erobert leicht die Herzen. Doch diese Art der Eroberung wird mit der Zeit langweilig. Nicht alles, was man sich wünscht, kann durch jugendliche Verführungskünste erlangt werden. Und so lernt die Heldin, ihre Macht auszudehnen: sie kämpft, sie verhandelt und wird dadurch zu einer anderen Art von Heldin. Doch schließlich verliert auch der Besitz an Reiz, der durch Macht errungen wurde. Der Erfolg selbst wird schal. Das Bedürfnis nach Glück, Freude und Wohlergehen für sich und andere wird vordringlich: Das ist das erste Anzeichen von Reife. Und ob Sie es glauben oder nicht – auch das Erfüllen dieser Bedürfnisse wird irgendwann fade. Wenn das geschieht, ist man auf der Höhe der Reife angelangt, und das ist ein furchteinflößender Berggipfel.

Dann hat die Heldin nicht mehr viel Zukunft, und ihre Vergangenheit scheint ebenfalls weit weg und irrelevant. An diesem Punkt wird sie zu einem Bettler, der mit leerem Hut auf der Reise ist und Gott sucht oder den Sinn des Lebens. Dies ist die letzte heldenhafte Aufgabe, der wir uns annehmen. Auf dieser Bühne des Lebens heißt Heldentum, völlig im Augenblick zu leben, denn nur der Augenblick birgt die Seligkeit, die tief und erquickend und auch sinnvoll ist. Das Ende des heroischen Lebenswegs verlangt das genaue Gegenteil der heldenhaften Tugenden der Jugend. Am Ende müssen wir lernen, dass Hingabe mehr wiegt als Widerstand, tiefe Freundschaft so wertvoll ist wie Liebe und Ergebenheit mehr Glück verheißt als alle Leidenschaften dieser Welt.

Die Reife ist der Berggipfel selbst. In der Höhe werden wir vor die Wahl gestellt, uns von der Welt zurückzuziehen und auf andere Weise als bisher einzubringen. Wenn wir uns zurückziehen, laufen wir Gefahr, in die Isolation abzudriften, allein vor dem Fernseher zu hocken und die Minuten bis zum nächsten Essen zu zählen. Wenn wir uns wieder einer Herausforderung widmen, müssen wir aufpassen, nicht irgendein altes ehrgeiziges Ziel wieder aufzuwärmen. Wir sollten uns jetzt einem Unternehmen widmen, für das wir nach jahrzehntelangem Warten endlich genug Erfahrung und Freiraum und Selbstbewusstsein haben.

Die Zeit bereitet uns auf bedeutende heroische Taten nur langsam vor. Jeanne d'Arc, die Jungfrau von Orléans, gab alles und starb mit siebzehn. Simone Weil, die großartige französische Märtyrerin, starb mit vierunddreißig in einem Hungerstreik, um die Kollaboration Frankreichs mit Nazideutschland zu verhindern. Sylvia Plath kämpfte gegen ihre Dämonen, bis sie sie nicht mehr unterdrücken konnte, und nahm sich selbst mit dreißig Jahren das Leben. Die Liste junger Heldinnen, die sich ganz plötzlich oder sehr früh opferten, ist lang und traurig. Machiavelli schrieb ein ganzes Buch darüber, wie ein Fürst mit jugendlicher Hingabe kämpfen und erobern solle. Die Fürstin, wie wir seinen weiblichen Gegenpart nennen wollen, ist genauso: auch sie packt Gelegenheiten beim Schopf. Sie muss diese Gehaltserhöhung haben, denn sonst kriegt sie ja jemand anders. Sie muss eine störende Kollegin übertrumpfen und in den Schatten stellen, und zwar sofort und mit dramatischem Einsatz. Sie muss im Rampenlicht stehen, denn sonst wird die Gelegenheit vergangen sein. Schnelle Veränderungen und sofortiger Gewinn sind für den Fürsten und die Fürstin alles und ein klares Zeichen für ihren Triumph.

Doch hat man erst ein gewisses Alter überschritten, ist man keine Fürstin mehr. Jetzt kämpft man nicht mehr gegen gewöhnliche Feinde. Man kämpft nicht einmal mehr um des Sieges willen. Eine Fürstin berichtete, wie sie im Alter von fünfzig Jahren gegen die Ärzte ihres Mannes antrat, die bei ihm eine tödliche Krankheit diagnostiziert hatten. Dazu wandte sie dieselbe Taktik zur Überlistung und zum Übertreffen von Gegnern an, die sie als junge Frau benutzt hatte, um Entbehrungen in der Jugend auszugleichen, und die ihr damals Erfolg im Beruf und Gelingen in ihren Beziehungen verschafft hatte. Doch ihr starker Wille und ihre Entschlossenheit, das Unvermeidliche zu bekämpfen, halfen ihrem kranken Ehemann nicht, sondern verschlimmerten nur sein Leiden. Sie ließ ihn unendliche Untersuchungen und Experimente durchleben und setzte sich selbst klugen, aber sinnlosen Diskussionen mit seinen Ärzten aus. Sie machte sich blind gegenüber der Wirklichkeit und lebte von der Hoffnung allein, die, wie Francis Bacon sagt, ein gutes Frühstück, aber ein schlechtes Abendbrot ist.

Fürstinnen sind zwar einzigartig darin, die Wirklichkeit umzumodeln, um ihre jugendlichen oder frühen Erwartungen an das Leben erfüllt zu sehen. Doch im reifen Alter sind die Ziele andere, und die Methoden, wie man sie erreicht, ebenfalls.

Die Kunst, ein langes Leben zu haben, ist die Kunst, Verluste lieben zu lernen

Die Methoden der Fürstin zielen auf eine jugendliche Weiblichkeit, so wie die Methoden des Fürsten darauf gerichtet sind, mit dem Feuer des Jünglings alles zu erobern. Fürstinnen setzen Tränen ein, um eine Gegnerschaft außer Gefecht zu setzen. Sie spionieren, um die Motive der anderen zu ergründen und dann an den guten Geist in ihnen appellieren zu können.

Auf diese Weise kann eine junge Frau unter Umständen

wirklich ihr Schicksal selbst in die Hand nehmen. Die Devise für die Fürstin lautet: »Verlange alles«, denn wenn man wenig besitzt und sehr ehrgeizig ist, dann muss man alles fordern, damit die anderen das Gefühl haben, man habe eine Gehaltserhöhung, eine Beförderung oder die Unterstützung der eigenen Ideen verdient. Verlangt man jedoch alles, wenn man bereits im Besitz eines reichen reifen Erfahrungsschatzes ist, dann bekommt man nur, was man *nicht* braucht: Gelegenheiten, die nicht von Dauer sind. Endlose Veränderungen. Verwirrung.

Fürsten und Fürstinnen wenden Strategien an, um etwas zu erlangen. Sie wollen, dass die Welt ihnen zu Füßen liegt – sie wollen den Sieg auf der ganzen Linie. Doch im reifen Alter kehren sich die Achsenmächte um. Heldentum findet man jetzt im Verlust. Wer das im Alter erkennt, wird so handeln wie die Zeit selbst. Denn die Zeit ist ein Dieb. Der erfolgreiche Kämpfer agiert so, dass sich die Waffen des Gegners immer gegen diesen selbst richten. Wir erkennen den Verlust als Beweis unserer Stärke an.

Verlust ist weibliches Heldentum. Die Mythologie lehrt uns, dass Knaben durch eine Strategie der Besitznahme zu Männern werden: Sie gewinnen an Stärke, legen sich Waffen zu und gehen dann hinaus und töten einen Drachen, kämpfen eine Schlacht oder gewinnen einen Wettstreit. Durch diese Taten erwerben sie sich hohes Ansehen und damit das Geld, das zu Reichtum führt, die Bewunderung, die ihnen Liebe schenkt, und die Beziehungen, die zur Errichtung ganzer Königreiche führen. Wenn sie älter werden, verbreitet sich die Kunde ihres Heldentums. Alles, was sie ausmacht, gründet sich auf Geschichten von Wachstum und Ausdehnung.

Das Leben der Frauen verfolgt genau den entgegengesetzten Weg. Mädchen haben schon alles, was sie brauchen: Sie sind fruchtbar, sie haben die Fähigkeit und die Kraft, Leben in sich zu tragen, Familien zu gründen und wachsen zu lassen. Sie opfern sich nicht nur ein- oder zweimal in einer Schlacht, sondern jeden Tag aufs Neue. Unausgesetzt geben sie von ihrem Reichtum und ihrer Gesundheit. Ihr Leben ist nicht vom Gewinn geprägt. Ihre Kinder verlassen das Haus, Ehemänner beginnen vielleicht, gelangweilt und distanziert zu sein, die jugendliche Schönheit schwindet und die beruflichen Karrieremöglichkeiten schrumpfen. Die Jahre bringen einen Verlust nach dem anderen mit sich.

Legt man das übliche Maß für Heldentum an, dann ist das Leben der Frauen durch Verluste geprägt. Nimmt man jedoch eine andere Messlatte zur Hand, dann erkennt man, dass die Zeit eine Frau in Wirklichkeit auf ihre Essenz, auf ihr heldenhaftes Selbst zurückführt. Sie brennt ab bis auf ihren unveränderlichen Kern, auf ihr stärkstes und konzentriertes Wesen – und das sind Eigenschaften, die unempfindlich gegen alle weiteren Angriffe der Zeit sind. Sie hat nun neue Mächte unter ihrem Befehl.

Verlust ist kein Anlass zu Tränen, er ist »Honig«, wie Emily Dickinson behauptete. Kurz nach dem Tod von Judge Lord, der ihr im Alter einen Heiratsantrag gemacht hatte, schrieb sie: »Der geliebte Shakespeare sagt: ›Zum Raube lächeln, heißt den Dieb bestehlen.‹«

Von George Eliot alias Mary Ann Evans, deren Texte sie bewunderte, sagte Dickinson, ihr Leben sei »das Schicksal einer Frucht ohne Blüte«:

»Ihre Verluste machen uns unserer Gewinne schämen –
Sie trug das leere Bündel des Lebens
So elegant, als sei es der Ostwind selbst,
der sich auf ihrem Rücken tummelte.
Das leere Bündel des Lebens wiegt am schwersten,
wie jeder Träger weiß –
sinnlos ist es, Honig zu schlagen,
er wird nur süßer davon.«

Wenn eine Frau der Zeit und dem Altern widersteht, besitzt sie Eigenschaften, die für wahrheitssuchende Männer schon immer sehr reizvoll waren. Deshalb verließ Odysseus die verführerische junge Calypso und kehrte zu seiner älter werdenden Frau Penelope zurück, angetrieben von seiner unsterblichen Liebe zu ihr. Das war auch der Grund, weshalb der Dichter Dante zu seiner gefahrvollen Reise zur unsterblichen Beatrice inspiriert wurde: Er wollte sich würdig erweisen, von ihr in die Mysterien der Weiblichkeit – das Mysterium der Ewigkeit – eingeweiht zu werden.

Verlust bringt einen Menschen in einen Zustand essenzieller Weiblichkeit.

Wir kämpfen gegen die Zeit, doch wir besiegen sie nicht.
Stattdessen geben wir das Bedürfnis, zu siegen und immer
mehr zu erlangen, auf. Unsere Macht misst sich an unseren
Verlusten und dem Entdecken neuer Möglichkeiten, dies zu
tun.

All das wusste ich nicht, als ich 1997 das Buch *Machiavelli für Frauen* schrieb. Diese kleine Streitschrift war die weibliche Version von Machiavellis *Fürst*. Er ist die klassische Machtanalyse für Renaissance-Herrscher, aber auch heute noch Standardlektüre für Manager, Verkäufer und Politiker sowie für Absolventen der Eliteeinheit der US-Streitkräfte, Delta Force.

Der Fürst behauptet, dass man erfolgreicher ist, wenn man gefürchtet statt geliebt wird, er definiert Macht als Macht über andere. *Machiavelli für Frauen* ist eine Untersuchung, wie Frauen es durch die Jahrhunderte geschafft haben, sich zu behaupten, und das, obwohl alles gegen sie stand. Auch hier heißt es, dass Frauen sich strategischer verhalten müssen, um die Erfolge zu erlangen, die ihnen zustehen. Doch anstelle von Angst wendet die Fürstin die Macht der Liebe an, um schwierigste Situationen zugunsten der Frau ausgehen zu lassen. Ich ging damals davon aus, dass die Lektionen der Macht, waren sie erst einmal gelernt, das ganze Leben lang beliebig wiederholt werden könnten.

Doch damals war ich jung und unreif und rechnete nicht mit der Herausforderung durch die Zeit. Ich erkannte nicht, dass die Kunst weiblicher Macht sich verändern muss, wie sich auch die Weiblichkeit im Alter von fünfundvierzig Jahren dramatisch verändert.

Nehmen wir als Beispiel die sumerische Prinzessin Inanna, eine Heldin, die in *Machiavelli für Frauen* beschrieben wird. Sie kam auf den Thron, weil es ihr gelungen war, ihren eigenen Vater zu überlisten, indem sie geschickt die Schätze und Errungenschaften der Zivilisation, die er gehortet hatte, stahl und allen Menschen verfügbar machte.

Einen Gegner auszustechen oder zu überraschen ist eine zentrale Taktik der Fürstin.

Fall erledigt, dachte ich damals. Und doch wurde Inannas Mut später noch ganz anders herausgefordert. Sie erreichte ein Alter, in dem sie in eine Depression fiel, weil sie die Macht ihrer jugendlichen Schönheit nicht mehr genießen konnte. Die Sicherheit ihres Urteils kam ihr abhanden, ihr hohes Amt und ihre vergangenen Errungenschaften übten keinen Reiz mehr auf sie aus. Am besten hat wohl Leo Tolstoi diese Angst der Inanna beschrieben, denn er geriet in dieselbe Spirale der Verluste:

>»Ich war sicher, dass etwas in mir zerbrochen war, auf das mein Leben immer gegründet gewesen war, und dass ich jetzt nichts mehr hatte, woran ich mich festhalten konnte, und mein Leben in moralischer Hinsicht zu einem Stillstand gekommen war. Eine unsichtbare Kraft drängte mich, auf die eine oder andere Weise mich meiner Existenz zu entledigen. Ich könnte nicht sagen, dass ich wünschte, mich umzubringen, denn die Macht, die mich von meinem Leben wegzog, war voller, mächtiger und umfassender als irgendein bloßer Wunsch. Es war eine Macht, vergleichbar meinem früheren Lebenswillen, nur dass sie mich in die entgegengesetzte Richtung zog.«*

Wir gewinnen spürbar an Stärke, wenn wir das Schicksal um neue Gaben bitten, um uns aus dem Schema von Verwirrung oder Verlust, Depression und Schmerz zu befreien, das sich in den späten Vierzigern aufbaut.

Inanna fühlte sich wie tot. Früher einmal hatte sie sich als »besonders« betrachtet, doch das war vorbei. Jetzt empfand sie sich als Staub, und sie würde wie jeder andere Mensch auch wieder zu Staub werden. Doch dann fing sie an, für den Menschen und sein Schicksal so viel Interesse aufzubringen, wie sie es einst für den Thron getan hatte. Sie gewann einen neuen Zugang zum Menschen und konnte so ihr eigenes Leben neu beginnen. Die Sage berichtet, dass sie das Reich der Toten – ihre Depression – »nackt und tief gebeugt« verließ. Demütig. Nackt und gebeugt, das ist die Haltung, in der Babys geboren werden. So nackt und von Verlusten gebeugt, wird Inanna von einer einfachen Fliege begleitet, einer summenden Kreatur, die mehr zu den Weinfässern in ihrer alten Stadt Sumer passen würde als zur Begleitung dieser königlichen Frau. Eine berauschte kleine Fliege, die in seltsamen Kreisen herumschwirrt, geleitet sie nach Hause beziehungsweise geleitet sie, in der Sprache des Mythos, von einer Jugend der Opferbereitschaft und der Ernsthaftigkeit zu einer allumfassenden, spirituellen Ekstase. (Die ersten Anhänger von Dionysos, dem Weingott, waren ausgelassene reife Frauen. Sie tranken niemals die Geister des Gottes, doch sie verbanden sich mit seinem Geist des Optimismus.)

Die Fliege geleitet Inanna zu einem neuen Leben in ihrem eigenen Zuhause. Als Fürstin entdeckte sie einst die Gaben der Zivilisation. Als reife Frau entdeckt sie in dem Reichtum des Menschseins ihre ureigene verborgene Natur. In dieser sieht sie nun ihr wahres Königtum.

Die neue Heldin geht mit dem Feind Zeit und mit Verlusten um wie ein Künstler, der das Wesentliche eines Menschen erst entdeckt, wenn er auf seine grundlegende Natur reduziert ist: wenn der Mensch kein individueller, besonderer Charakter mehr ist, sondern höchst typisch.

Inanna benötigt als reife Frau keine besondere Behandlung mehr; sie ist nicht länger besonders und speziell, sondern allzu menschlich. Sie hat den Schritt vom »Ich« zum »Wir« gemacht.

Wenn Verlust das Mittel ist, mit dem eine Frau zu ihrer Stärke gelangt, wie kann sie dann die Zeit bekämpfen oder sie zumindest austricksen, verlangsamen und ihrem Willen unterwerfen?

Es gibt zwei Wege, erotisch zu sein:
sich zu bedecken oder sich zu entblößen.
Magie entsteht nur, wenn man beides kann

Eine gereifte Frau hat ihren Platz irgendwo zwischen Psychologie und Mythos: sie ist vertraut und rätselhaft zugleich, ihr Geist ist offen, aber ihre Seele ist verborgen und undurchschaubar. Genauso ist es bei der Mona Lisa. Ihr Wesen hat Walter Pater in den berühmtesten Worten eingefangen, die jemals über ein Gemälde geschrieben wurden. Diese Worte enthalten die Lösung des Rätsels, wie eine Frau ihre Macht und Ausstrahlung durch den Verlust der Individualität vergrößern kann:

»Das Wesen auf dem Bild, das so eigenartig zwischen den Wassern aufragt, ist der Inbegriff all dessen, was die Menschheit seit Tausenden von Jahren ersehnt hat. Ihr Kopf ist es, auf den alles Verlangen der Welt gerichtet ist, und ihre Augenlider sind ein wenig müde. Es ist eine Schönheit, die sich von innen auf die äußere Erscheinung legt, das Depot – bis in die kleinste Zelle – ungewöhnlicher Gedanken und

phantastischer Träumereien und erlesener Leidenschaften. Setze sie nur einen Augenblick neben die weißen griechischen Göttinnen oder die wunderschönen Frauen der Antike − wie wären sie beunruhigt von dieser Schönheit, deren Seele alles, auch ihre dunklen Seiten, enthält! Alle Gedanken und Erfahrungen der Welt haben sich in ihr eingebrannt und verewigt und verhalfen ihrer äußeren Gestalt dadurch zu größter Feinheit und Ausdruckskraft: der Animalismus Griechenlands, die Laster Roms, der Mystizismus des Mittelalters mit seinem spirituellen Ehrgeiz und der phantasievollen Liebe, die Wiederkehr der heidnischen Welt und die Sünden der Borgias. Sie ist älter als die Felsen, zwischen denen sie sitzt; wie ein Vampir ist sie viele Male schon gestorben und hat die Geheimnisse des Grabes kennengelernt; sie ist in die Tiefsee getaucht und ist mit deren versunkenen Tagen umgeben. Sie ist mit kostbaren Tuchen beladen mit Kaufleuten aus dem Fernen Osten gereist; und wie Leda war sie die Mutter der trojanischen Helena, und wie die heilige Anna die Mutter Marias. All das war für sie nur wie der Klang von Harfen und Flöten, es lebt nur in der Zartheit, mit der die sich verändernden Charakterzüge geformt und die Augenlider und Hände gefärbt haben. Die Vorstellung eines ewigen Lebens, das Zehntausende von Erfahrungen in sich vereint, ist uralt; die moderne Philosophie hat die Idee von der Menschlichkeit, dem Humanismus geboren, wie er jegliche Arten von Gedanken und Leben in sich erzeugt und vereint. Ganz sicher ist die Mona Lisa die Verkörperung der uralten Vorstellungen und ein Symbol der neuen zugleich.«

Die Mona Lisa ist das Bild einer Frau, die wie auf einem Thron zu sitzen scheint: Betrachter schauen zu ihr auf. Doch ihr Thron ist ganz gewöhnlich: Hinter ihr sieht man auf beiden Seiten bescheidene und fast spirituelle Landschaften. Sie wahrt Distanz. Es ist unmöglich herauszufinden, was sie denkt, und wenn man versucht, es zu erraten – so sagt uns Walter Pater –, dann erahnen wir, dass die Person vor uns nicht eine Frau ist, sondern ein Widerschein vieler Gesichter und zahlreicher Epochen. Sie ist als »Ich« geboren, wird aber ein »Wir« – alle Frauen. Und sie ist eine Zeitreisende. Sie ist jung, alt, ewig. Ein Vampir, eine Tiefseetaucherin, so tief in die Meere hinabgetaucht, dass sie sich die Zeit einverleibt hat. Sie erfreut sich der Idee ewigen Lebens und Tausender Erfahrungen. Die Zeit kann ihr Wesen nicht einengen. Ihre Geschichte endet immer glücklich. Sie ist von der Zeit befreit. Sie ist nicht dreißig, nicht hundert und nicht fünfhundert Jahre alt. Sie ist zeitlos, unabhängig von gezählten Jahren. Sie überdauert ihr eigenes Leben.

Die Art und Weise, in der man das Gesicht der Mona Lisa ergründet, bis sich schließlich das Geheimnis der Schöpfung selbst offenbart, ähnelt sehr der Art und Weise, in der eine Frau ihre eigene Macht ergründet. Auf den ersten Blick sieht man im Zauberspiegel der Leinwand eine seltsam schöne Frau. Dann schaut man näher hin und sieht einige ungewohnte Gesichter – man hat das Gefühl, dass nicht ein Individuum einen anblickt, sondern die Weiblichkeit in ihrer ganzen Macht. Das ist es, was wir durch unsere Verluste gewinnen: die Grundfesten der Weiblichkeit. Wie legen wir die Persönlichkeit ab, die wir so hart erarbeitet haben, die aber jetzt zum Gefängnis unserer

Jugend geworden ist? Ich sage den Leuten immer, dass ich mein halbes Leben darauf verwandt habe, »Harriet Rubin« zu kreieren, und dass ich sie jetzt gern loswerden würde. Sie ist eine zu kleine Kreatur für die Vergnügungen der Reife.

Das Gemälde, sagt Pater, ist das sichtbare Zeugnis eines Frauenlebens als Frau. Das reife Gesicht ist wie ein Urbild, es trägt die Zeichen vieler Seelen und ist daher eher der Inbegriff extremer Weiblichkeit als einer besonderen Individualität. Reife verlangt, dass wir unsere Identifikation mit unserer individuellen Vergangenheit, unseren schwierigen Eltern, unseren jugendlichen Erfolgen oder Fehlern lösen. Um zum Inbegriff des Weiblichen zu werden, muss man eine neue Fähigkeit oder ein neues Talent erwerben: den Genius der Geschichte, durch den wir begreifen, dass wir selbst eine ganze Geschichte verkörpern.

Reife wird nicht an einer individuellen Vergangenheit gemessen, sondern an *der* Vergangenheit. Und zwar durch Frauen, die der Geschichte ihren Stempel aufgedrückt haben. Die Gesichter unsterblicher Frauen – von Helena über die griechischen Statuen bis zur Mutter Marias und zu Elisabeth – sind in dem der Mona Lisa enthalten. Das ist das Maß, an dem reife Frauen gemessen werden. Eine Frau sollte nicht das Gefühl haben, dass diese Frauen etwas Besonderes sind, während sie es nicht ist. Sie wird sich vielmehr über den Verlauf ihres ganzen Lebens, das mehr auf Freude zielt als auf kurzfristigen Erfolg oder Nichtscheitern, ihnen annähern. Dieses Bewusstsein ist wichtiger als ihr individueller Geist. In derselben Weise wird ein Dichter, der Großes anstrebt, sich in der Schuld von Homer und Shakespeare und vielen anderen wissen.

Eine Kämpferin gegen die Zeit fasst sich selbst als Urbild oder Symbol auf: Ihr Gesicht zeigt den Verlust des Individuellen, dafür den Inbegriff des Ewig-Weiblichen.

Sie empfindet sich selbst als Urbild – wie ein Bild, das über ein Mobiltelefon aus irgendwelchen entfernten Zonen anlangt. Die Menschen blicken dich nicht an, sondern sie empfangen dich – wie eine Nachricht, die wie eine heilende Kraft oder ein heilsames Bild wirkt. Und sie reagieren darauf. Ein solches Bild ist tatsächlich heilsam. Möglicherweise fürchten sich die Menschen vor der Kraft solcher Bilder, so wie die frühen Christen vom Bildnis einer Frau namens Thekla die Augen abkratzten, damit sie den Betrachter nicht so anstarren und Macht über ihn ausüben möge. Wenn es gelingt, jemanden anzuregen und zu erleuchten (oder aufzuregen), indem man seinem Blick begegnet oder indem man einfach da ist, ist diese Kraft des Urbilds wirksam.

Wer ein solches Bild anschaut, der empfindet seine umwälzende Macht. Die alten Propheten warnten: Du wirst, was du siehst. Wer Leonardos Bild betrachtet, wer in den Zauberspiegel Mona Lisa schaut, der wird selbst bildhaft – und wird den Blick nachahmen, mit dem ein Gesicht die Zeit bannt.

Wie der Künstler Leonardo ist auch die Zeit eine Künstlerin. Das Alter zeichnet unser Gesicht neu. Die streng individualisierten Züge der Jugend weichen auf oder verschwinden. Das Alter macht die Wangen hohl oder rundet sie, macht die Lippen oft schmal wie zu einem einfachen

Strich und verleiht der Nase Prominenz. Wenn die Spuren der Individualität auf dem Gesicht verwischen, dann werden sie auch in unserem Gefühl für uns selbst ausgelöscht. George Sand sagte über ihre eigene seelische Verwandlung, die den Veränderungen ihres Gesichts entsprach, dass ihr Selbst schwinde und sie weiblicher werde:

> *Ich empfinde es als schwierig, das ›Ich‹ zu finden, das mich einmal interessierte und das ich jetzt begonnen habe als ›Ihr‹, im Plural, anzusprechen.*«

Es wird zu einer Quelle der Stärke, zu einer Darstellung des Ewig-Weiblichen, von sich selbst als »Wir« zu denken. Dieser erste und fundamentale Verlust ist eine viel mächtigere Quelle, als unsere Persönlichkeiten als Jane oder Julie oder John zu begreifen. »Immer größere Ruhe breitet sich in meiner einst bewegten Seele aus«, sagte George Sand:

> *Mein Verstand schreitet inzwischen nur noch von Synthese zu Analyse, früher tat er das Gegenteil. Wenn ich jetzt morgens aufwache, präsentiert er mir die Welt als Ganzes statt einzelner Wahrnehmungen.*«

Also beginnen wir unsere Strategie damit, tief in den Zauberspiegel Mona Lisa zu schauen. Besser als irgendein kaltes Glas, spiegelt er uns nicht unsere Fehler, sondern unser Geheimnis wider. Und darauf wollen wir uns konzentrieren. Blicken Sie die Mona Lisa aufmerksam an, und Ihre Lippen werden sich zu ihrem rätselhaften Lächeln formen, Ihr Blick wird sanft werden, Ihr Körper wird ihre leichte Neigung nachahmen, die typische Kontrapost-Haltung, Ihnen zugleich leicht zugewandt und leicht abgewandt. An diesem Porträt ist nichts zufällig: Der Schatten ist so angelegt, dass sie das Gesicht verzieht, sobald man den Blick von ihrem Mund wegwandern lässt – als sei sie lebendig. Ihr Haar ist in Pinselstrichen gemalt, die sonst nur für die Darstellung von Flüssen, Symbolen ewigen Lebens, verwendet wurden. Bei dem Gitterwerk auf ihrem Oberteil handelt es sich um die Signatur des Künstlers: »Vinci« bedeutet »Gitter«. Selbst die Pose ist nicht zufällig: Überträgt man sie vom Bild ins wirkliche Leben und versucht, so zu sitzen, dann bringt das andere dazu, näher an Sie heranzurücken, als wären Sie jeden Augenblick im Begriff zu gehen und die andren wollten Sie zum Bleiben bewegen. Lassen Sie uns zur Mona Lisa werden.

Die Mona Lisa war das einzige von Leonardo da Vincis Gemälden, das der Künstler bei sich hatte, als er am 2. Mai 1519 im Palast von König Franz I. in Frankreich starb. Es wurde so viel darüber spekuliert, was das Gemälde darstellen könnte – vielleicht die Essenz seines großen Schöpfers –, dass der König dabei sein wollte, wenn die Seele des großen Meisters den Körper des Künstlers verließ und in den Himmel aufstieg. Er wollte wissen, ob dieses seltsame männlich-weibliche Gesicht, das auf dem Gemälde dargestellt war, das Bild war, das Leonardo sah, wenn er in seine eigene Seele, in seinen eigenen Spiegel schaute. Es ist für jeden Menschen ein Triumph, die eigene Seele zu erkennen. Wie Sokrates uns alle ermahnt: »Erkenne dich selbst.« Doch für einen Menschen, selbst für einen König, war es eine einzigartige Gelegenheit, in die Seele des großen Leonardo zu blicken.

Zu seiner Enttäuschung kam der König zu spät, er traf nur wenige Minuten nach dem Tod Leonardos ein. In dem Glauben, dass der unsterbliche Genius Leonardos in dem Gesicht der Mona Lisa eingefangen sei, kaufte Franz I. das Bild und hängte es in seinen Privatgemächern auf, wo er und das zeitlose Bild einer Frau allein sein konnten. Der Louvre ist dann über diesen Gemächern des Königs errichtet worden.

Kunst lehrt uns, nach den Worten George Sands, »etwas außerhalb unser selbst zu schauen, das größer ist als das, was in uns ist, und uns dem nach und nach durch Betrachten und Bewunderung anzunähern«.

Die Kunst also ist unsere »zweite Meinung« zum Thema Älterwerden – unsere Ressource im Kampf gegen die Zeit. Sie allein kann nicht nur unser Aussehen, sondern noch etwas viel Radikaleres verändern: wie wir zulassen, dass andere uns sehen.

Taktik Nummer 2

Seien Sie in jeder Lage,
in der Sie königlich behandelt werden wollen,
Sie selbst, so werden Sie für die anderen
eine Königin sein.

Um eine Königin auf Ihrem Gebiet zu werden und die Anerkennung zu gewinnen, für die Sie durch Erfahrung und Intelligenz qualifiziert sind, müssen Sie sich so gut auf die Schlacht vorbereiten, dass die Schlacht unnötig wird. Genauso ist es, wenn Sie die Liebe erfahren wollen, die Ihnen zusteht, und wenn Sie herausfinden wollen, wie Sie wirkungsvoll gesellschaftliche Veränderungen einleiten können. Sie erlangen Effektivität, indem Sie sich der Zeit unterordnen, und nicht, indem Sie Ihre Stärke überbetonen, Kompromisse schließen oder sich aufopfern. Bleiben Sie, mit anderen Worten, bei sich, tun Sie nicht mehr, als auf der Stelle zu treten.

Schieben Sie den Vorhang von Anstrengungen und endlosen Kämpfen beiseite, und begeben Sie sich hin zur Majestät des Seins. Das Loslassen von Bemühungen bringt Ihnen mehr. Wie die Schauspielerin und Autorin Lily Tomlin sagte: »Im Alter wird man weniger physisch und mehr metaphysisch.« Betrachten wir folgendes Beispiel aus unserer Zeit: Eine Schauspielerin wollte die Rolle von Königin Elisabeth I. spielen, der vielleicht größten Regentin, die je lebte, einer wahren Herrscherin der Renaissance. Doch die Schauspielerin war der Aufgabe nicht gewachsen. Elisabeth schuf ein weltumspannendes britisches Reich, dem ihr brillantester Untertan, Shakespeare, zur Unsterblichkeit verhalf. Sie schuf dieses Reich aus einer bröckelnden Monarchie, die sie von ihrem grausamen Vater, Heinrich VIII., geerbt hatte, der ihre eigene Mutter hatte enthaupten lassen. Der Schauspielerin, sie war fünfzig Jahre alt, gelang es nicht, die Zuversicht einer Regentin zu verkörpern, die ihr Volk liebte und von ihm geliebt zu werden erwartete. Sie versuchte es mit den üblichen Mitteln von Macht: Sie erhob ihre Stimme und sprach eindringlich. Als ihr dies nicht den gewünschten Respekt verschaffte, musste sie andere in ihre Nähe locken, um sie zum Zuhören zu bewegen. Doch ein solches Herrschafts-Theater ist nicht notwendig, wenn man der Mona-Lisa-Strategie folgt. Die Dramatik einer Fürstin – Schmeicheleien, Tränen, eine Vielzahl von Forderungen – funktioniert nicht bei jemandem, der bereits viel Macht besitzt. Die Strategie erlaubt es uns, mehr zu erreichen, indem wir weniger tun. Still dazusitzen, wie die Mona Lisa, und andere zu sich heranzuziehen, erfordert ein besonderes Maß an Entschlossenheit, die andere immer mehr für uns einnimmt. Wenn Sie Ruhe und Klarheit ausstrahlen, dann besitzen und bewahren Sie die Autorität, ohne sie demonstrieren zu müssen. Im reifen Alter als mächtig angesehen zu werden heißt, weniger zu tun und mehr zu repräsentieren oder darzustellen.

Was bedeutet das? Der Regisseur bot der nervösen Schauspielerin in den folgenden Worten die Lösung an: »Sei du selbst, und die anderen werden dich wie eine Königin ansehen.« Warum das? Er meinte, dass die Schauspielerin sich erst einmal selbst an die erste Stelle setzen und ihre Selbstzweifel überwinden sollte. Sie musste davon überzeugt sein, dass ihr nur Gutes entgegengebracht würde, ganz gleich, ob sie es verdiente oder nicht. Ihre Gegenwart allein würde andere erheben. »Was geschieht«, so schreibt Karen Blixen, »geschieht, weil es die Königin so will.«

In heutigen Zeiten wird Weiblichkeit ausschließlich als das Kokette definiert. Doch das reduziert die Stimme der Weiblichkeit auf die Tonarten der Jugend. Wahre Weiblichkeit hat viel mehr mit elterlicher Kraft gemeinsam, sie entspringt Vorstellungen von der »Großen Mutter«, die wir als Mutter Natur kennen oder durch das Amt der »Königin«, oder auch von der Jungfrau Maria. Besagte Schauspielerin musste erst die heute gängigen, unreifen oder unentwickelten Ideen von Weiblichkeit ablegen. Um sie selbst zu sein, ist eine Königin nicht nur eine Frau mit einer besonderen Geschichte, sondern die Essenz einer kraftvollen weiblichen Person schlechthin. Ihre Macht ist ihre Weiblichkeit: Sie steht für Gerechtigkeit, Liebe und das, was zu tun das Richtige und Beste und Angebrachte ist, sie will die Verkörperung der kreativen Kraft sein, die trägt und die zerstört. Eine große weibliche Kraft enthält alles, und wer diese Fähigkeit in sich entdeckt hat, vor dem treten andere zurück und schätzen sich glücklich, zur Umgebung der Königin zu gehören. Eine Person mit der Macht der Entschlossenheit zieht andere an sich. Entschlossenheit ist

wichtiger als Erfindungsreichtum, der zu den Gewohnheiten der Jugend gehörte, die ja immer neues Spielzeug
braucht, um sich beschäftigt zu halten.

Entschlossenheit ist eine Methode, sich auf die eigene
Mitte zu besinnen, die einen selbst ins Zentrum stellt, jedoch nicht als Subjekt, sondern als Quelle – wie die Sonne.
Einer der größten Gelehrten aller Zeiten, ein berühmter
indischer Doktor, gelangte auf seiner ersten Auslandsreise
im Alter von zweiundsechzig Jahren nach Amerika. Er war
furchtbar müde, doch als das bengalische Zimmermädchen
in sein Hotelzimmer kam, um alles für die Nacht zur richten, hielt er sie so lange wie möglich in einem Gespräch
fest. Sein Betreuer, der nach ihm schaute, meinte, das Interesse des Arztes für das Mädchen sei nur vorgespielt, wie
bei Brahmanen üblich, die Personen niedrigeren Standes
eine Gnade erweisen. Doch das war überhaupt nicht der
Fall. Der Inder fragte hartnäckig, wie sie gelernt hatte,
Zimmer sauberzumachen, ohne Englisch zu können beziehungsweise ohne überhaupt lesen und schreiben zu
können. An dem Beispiel des Mädchens wollte er lernen,
wie er in Südindien an seinem Armenkrankenhaus Bil-
dungsprogramme entwickeln könnte, die einfach genug
für Analphabeten waren, um ihnen damit erstmals eine
Chance auf Arbeit zu verschaffen. Er suchte nicht nach
Gelegenheiten, sie kamen zu ihm, weil er wusste, dass es
ihm bestimmt war, ein friedliches, von Mitgefühl bestimmtes Miteinander zu schaffen und ein Gefühl dafür,
dass die Welt auf Liebe und Gestaltungskraft gegründet ist.

Um eine derartige Entschlossenheit zu verkörpern,
muss man auch immun gegen Erschöpfung sein. Wenn
wir von etwas völlig in Anspruch genommen sind, dann

brauchen wir keinen Schlaf. Oder besser gesagt, auch wenn wir aufgeregt sind, befinden wir uns in einem Zustand der Ruhe, wie Mönche, die in den intensivsten Perioden einer wachen Meditation ihren Herzschlag auf eine ruhige Frequenz reduzieren.

Elisabeth bezog ihre Entschlossenheit daraus, dass sie nichts von ihrer Macht an Männer, Kinder oder Untertanen weitergab. Sie handelte im Auftrag Gottes, davon war sie überzeugt. Sieht man sich selbst als die entscheidende Person, geht das weit darüber hinaus, sich für einen anderen Menschen oder für eine Aufgabe zu opfern.

Die wichtigste Ursache für Sinn verlagert sich im Alter vom Körper zur Seele. Eine Frau, die ihre Macht spät entdeckt, gewinnt an Spiritualität und Weiblichkeit, statt das Feminine zu verlieren. Sie erwirbt eine überpersönliche Präsenz – eine Form der Macht, die in der Philosophie als »zweiter Körper« oder »feinstofflicher Körper« bezeichnet wird, eine Präsenz voller Verheißung.

Jede große Frau besitzt diese urbildliche Anlage, und man bemerkt sie sogleich an den verschiedenen Formen spiritueller Ausstrahlung auf andere. Von Eleanor Roosevelt sagte man, sie sei ein Licht. Von der amerikanischen Starköchin Julia Child, dass sie einem »großen, hohen Baum« gleiche, nicht nur, weil sie ein Meter zweiundachtzig groß war, sondern weil sich so viele Kochlehrlinge in ihrer Großzügigkeit, ihrem Lachen und ihrer Hingabe an die Kochkunst gut aufgehoben finden konnten. Von der Architektin Zaha Hadid heißt es, sie erinnere ihre Kunden in ihrer geerdeten Majestät an Kleopatra. Von Elisabeth I. erzählt man die Geschichte, dass sie bewusst und sogar berechnend die Göttin der Diplomatie und des Friedens, Astrea, nachahme in Bezug auf Kleidung, Gesten und Sprache. Von der Mona Lisa selbst heißt es, sie spiegle den Mythos der Sphinx wider. All diese Beispiele zeigen, wie man das ureigene Geheimnis benutzt, um auf Dauer Aufmerksamkeit zu erregen. Solch eine Präsenz ist höchst mysteriös und viel attraktiver als übliche Schönheit.

Wir sprechen hier nicht von der äußerlichen Erscheinung, obwohl wir später durchaus noch über die äußerlichen Zeichen sprechen werden, die der Ausdruck für diese Art von Spiritualität sind. Alle großen Frauen besitzen, was unterschwellig in Leonardo da Vincis Porträt enthalten ist: die Vermutung, dass hinter Nase oder Kinnlinie oder dem Lächeln eine Tradition verborgen liegt, die auch wir voll und ganz repräsentieren. Wenn wir diese Quelle der Kraft verkörpern, dann repräsentieren wir eine universale Eigenschaft, die es uns möglich macht, unser Gefühl der Individualität, ja, der Persönlichkeit abzustreifen. Unsere Tradition und unsere vornehmste Aufgabe ist das Weibliche schlechthin, und das ist frei von Alter. *Wahre Weiblichkeit ist alterslos und unendlich.* Wenn wir uns von dieser Tradition durchfluten lassen, gewinnen wir an Größe. Sobald wir einen Sitzungssaal betreten oder zu einer Gruppe stoßen, werden uns die Menschen dort sofort wahrnehmen. Es gibt etwas, das über unsere individuelle körperliche Gegenwart hinaus Aufmerksamkeit erregt. Wir erinnern die Beobachter an irgendetwas – an eine bedeutende Lebensgeschichte, ein Geheimnis oder an die Bedeutung von Frauen. Wir strahlen über unsere äußere Erscheinung hinaus eine Energie oder ein Bild aus. Und das tun wir auf ganz natürliche Weise. Doch nur, wenn wir uns dieser urbildlichen Kraft bewusst sind, werden wir auch im

Bewusstsein des Betrachters *verbleiben*. Dann treten wir nicht so auf, als würden wir gerade aus einem Taxi steigen, sondern aus einem Märchen.

Wenn andere von einer »Königin« angezogen werden, beziehen sie sich auf den »zweiten Körper«. Der Glaube, dass Könige und Königinnen umso unsterblicher sind, je mehr sie einen Typus statt eines Individuums verkörpern, entstand im Mittelalter, als Machtstrategen sich des Einflusses untergründiger Kräfte auf die Psyche noch mehr bewusst waren. Diese Kräfte existieren immer noch, nur unser Wissen um ihre Anwendung hat sich getrübt.

Unser zweiter Körper stirbt nicht. Er ist auch nicht, wie unsere Seele, unser persönlicher, individuell geprägter Besitz. Er ist unsere unsterbliche Präsenz als Frau: Das überweibliche Selbst, das dem Zahn der Zeit widersteht.

Und so veranlassen wir andere dazu, uns zu hofieren. Die Schauspielerin, die Elisabeth I. geben sollte, lernte, ihre Zeilen so zu sprechen, als wäre sie unabhängig von der Meinung anderer und völlig auf sich konzentriert – nicht aus Egoismus, sondern als Vertreterin ihrer Untertanen, ohne jedoch von deren Meinung über sie abhängig zu sein. Ihre magnetische Kraft zog andere an. Sie gelangte zu der Überzeugung, dass alles, was sie selbst beschäftigte, keineswegs zu persönlich oder exzentrisch sei, sondern auf ganzer Linie zweckmäßig. Sie betrachtete sich selbst als Person von dynastischer Bedeutung, die in einer Reihe von Frauen der Geschichte stand, die großen Einfluss ausübten. Und sie war überzeugt davon, dass alles, was sie in ihrem persönlichen Leben tat, weitreichende gesellschaftliche und politische Folgen haben würde.

Königinnen, die auf ein langes Leben
zurückschauen können, haben einen
»Genius für Geschichte«, denn sie erschaffen
Zukunft und konsumieren sie nicht nur.

Macht ist im Kern eine animalische Eigenschaft. Sie gebraucht eine Kraft, die über Vernunft oder Anstrengung hinausgeht. Ihre besondere Qualität ist es, ein eigener Typus zu sein.

Stellen Sie sich eine Katze auf der Bühne eines Theaters vor, die mit ihren Augen eine Wollmaus verfolgt, die sich im Wind bewegt. Ganz gleich, wie dramatisch die Handlungen der Schauspieler auf der Bühne zur selben Zeit sind, wird immer diese Katze die Aufmerksamkeit der Zuschauer auf sich ziehen. Ein Tier wird einen Menschen in dieser Hinsicht immer übertrumpfen, weil es total und authentisch es selbst ist: Die tierische Natur ist für die Katze, was der Ausdruck von Weiblichkeit für die Frau ist. Je mehr eine Frau typisch weiblichen Eigenschaften Ausdruck verleiht, desto größer wird ihr Geheimnis und desto umfassender wird ihre Macht sein.

Eine Katze besitzt – wie die Königin – zwei Körper: einer ist sterblich und physisch, der andere ist urbildlich. Der zweite Körper ist das, was wir meinen, wenn wir sagen, die Katze hat »neun Leben«. Es ist das Urbild »Katze«. Ihr zweites Selbst ist alterslos und zeitlos. Jeder, der Katzen mag, ist fasziniert von ihrer Eigenschaft der Unsterblichkeit, von ihrer Individualität und dem Typischen ihrer Art. Der Satz »Die Königin ist tot, lang lebe die Königin« bezieht sich auf ebendiese symbolische Präsenz – die Essenz des Ewig-Weiblichen. Es ist die Dramatik von Verlust *und*

Wiederherstellung, von der Unterordnung unter Schicksal und Zeit und gleichzeitig der Macht über beide. So wie Wein das zweite, aber beste Selbst von Trauben ist, und Camembert die zweite und doch vollendete Form von frischer ungeschlagener Sahne. Sahne ist süß, doch nur Camembert hat die Reife gewonnen, dass man ihn spaßeshalber »Füße der Göttin« nennt. Diese Füße zu küssen heißt, den Himmel zu schmecken.

Dieser zweite Körper ist das gereifte und ewige Selbst. Es ist der Aspekt des Selbst, der seine eigenen Erinnerungen bewahrt. Wenn wir die Eigenschaften dieses zweiten Körpers in unsere Lebensjahre aufnehmen, dann nehmen wir die Errungenschaften der Reife an, die das Alter zu den Jahren des Ruhms und der Macht machen. So kann man sich als der Zeit ebenbürtig erweisen.

Dem regierenden Monarchen wurde ein unsterblicher Körper zugesprochen. Wenn eine Frau zum vollen Ausdruck der Weiblichkeit reift, dann wird sie vielleicht älter, schwächer und sogar äußerlich enttäuschender, doch es wird an ihr immer etwas sein, das der Zeit gegenüber unempfindlich ist.

Im Mittelalter glaubte man, dass der zweite Körper der Königin ein Bindeglied zwischen Gott oder den Göttern und den Menschen sei, über die sie regierte: ein Element zwischen Psychologie und Mythos. Dieses zweite Selbst war tatsächlich so machtvoll, dass man glaubte, das Wohl der Untertanen hinge direkt vom Befinden der Königin ab. War die Königin traurig, meinte man, die Erde läge brach, das Recht versänke in Chaos und das Land würde von Zwistigkeiten heimgesucht, die die Herzen der Menschen verdürben.

Zum Teil bestand die Königin also aus der – dem »Königreich der Mütter« entliehenen –Vorstellung der Mutter Natur. Damit war ein völlig anderes Zeitgefühl verbunden als das, was wir mit der Uhr zu messen pflegen. Fortschritt ist für die Welt der Mütter ein Mythos, mit dem wir uns selbst trösten wollen. Die Grundstruktur der Mütter ist von Wiederholung und Vertiefung der Instinkte beherrscht, vom Ausdehnen von Freundeskreisen, nicht von Wettstreit, aber von dem Glauben, dass das Beste niemals im Brandneuen zu finden ist, sondern in den unveränderlichen Werten der Tradition. Zeit bewegt sich in Kreisen, nicht auf einer geraden Linie.

Dies ist die Zeit, in der Märchen- und Geschichtenerzähler leben. Ganz viele unserer Beispiele für königinnenhaftes Verhalten kennen wir aus der Welt der Künstler und ihren Werken. Geschichtenerzähler haben eine starke Verbindung zu ihren symbolischen Körpern. Karen Blixen sagte, wenn sie ihr Leben insgesamt betrachtete, dann sähe sie darin das Bild eine Storches: lebenslang damit beschäftigt, neues Leben herbeizutragen, ihre Gesichtszüge ein wenig vogelhaft, mit vollen und lebendigen Augen, einem fröhlichen Mund – und ein heimliches Wissen bergend, als würde die düstre Welt im Tageslicht eine Botschaft erkennen lassen, die nur sie und ihr Vogel und ihre Hexen- und Zaubererfreunde lesen könnten. Als der Schriftsteller Wallace Stegner ihr einmal begegnete, erkannte er sogleich diese Eigenschaften in ihr.

Blixen wusste, dass andere das sahen. Sie sagte: »Wer mich ansieht, wird das Bild eines Storches erkennen, und in diesem Bild wird er die Gegenwart einer *Mutter* empfinden, so wie wir der Welt ein Geschenk machen und selbst zum Geschenk werden. Einer *Sibylla,* wenn wir zu viel Angst haben. Und einer *Einsiedlerin* (als Meisterin der Einsamkeit), wenn wir fühlen, dass unser größtes Werk noch aussteht.« In diesen drei Formen sah Blixen das Bild einer königlichen Natur vereint.

Um für andere die Königin sein zu können, seien *Sie Ihr Alter*

Indem man lernt, durch die Zeit zu reisen, erlernt man auch, wie man über oder außerhalb der Zeit stehen kann. Reife bedeutet viele Altersstufen gleichzeitig. Um die Macht der Jahre besitzen zu können, muss man sein Alter kennen. Man muss nicht nur das Jahr kennen, sondern man muss sein Alter *sein.* Damit ist nicht der unsinnige Rat gemeint, sich »seinem Alter gemäß zu verhalten«. Um mit fünfzig machtvoll zu sein, muss man wissen, was fünfzig ist: wie es sich anfühlt, welche Einsichten es ermöglicht, worauf man vertrauen kann, welche verschiedenen Kompromisse es schafft – und auch, was fünfzig zu sein ausschließt, so zum Beispiel singuläre Wünsche für sich selbst, die durch den Wunsch, etwas für die Allgemeinheit beizutragen, ersetzt werden. Den Feind Zeit zu kennen und zu respektieren heißt, seine Wirkung auf sich selbst zu kennen.

Was muss man tun, um ewiges Leben zu erlangen?, fragt eine Figur in einer Erzählung von Dostojewski. Sie bekommt zur Antwort, sie dürfe vor allem nicht sich selbst anlügen. Hören Sie auf mit dem Machismo des Alters: Hören Sie auf zu behaupten, dass Fünfzig die neuen Vierzig wären. Täuschen Sie sich nicht selbst. Sie müssen Ihr Alter in Ihrem Körper und Ihrer Seele kennen, damit Sie, wenn die Einundfünfzig kommt, begreifen, dass die sich von der Fünfzig und der Neunundvierzig und der Zwanzig unterscheidet. Haben Sie Respekt vor dem, was die Jahre bringen und was sie nehmen, damit Sie wertschätzen können, was es heißt, fünfzig zu sein. Verstecken Sie sich nicht vor dem Alter, denn Sie wollen ja Ihre Macht erkennen. Vielleicht möchten Sie wieder so aussehen wie mit dreißig, aber wer möchte denn wieder dreißig *sein?*

Ein Kind unterscheidet mit fast wissenschaftlicher Genauigkeit zwischen sieben und siebeneinhalb oder siebendreiviertel. So bedeutet jeder Monat und jedes Jahr einen Triumph für das Kind. Lernen Sie Ihr Alter ganz genau kennen, anstatt sich davor zu verstecken, denn dann können Sie die Zeit bezwingen.

Die ultraweibliche Colette sagte mit fünfundsechzig: »Jetzt bin ich jünger, als ich es je war.« Sie bemerkte den Reichtum der Zeit und verspürte seine Gaben in ihrem Körper. Sie war achtundsechzig und auf der Heimfahrt von ihrer dritten Hochzeit, als sie den Wagen mitten in der Winterlandschaft anhalten ließ, um dem fallenden Schnee zu lauschen. Ihre Sinne waren nicht nur wach für ihre Gefühle, sondern auch dafür, wie sie in der Zeit lebte. Das bewusste, intensive Leben in der Zeit machte sie zu einer gewandten Zeitreisenden: Sie konnte gleichzeitig alt und jung und unvorhersagbar sein. Sie begriff, wie mächtig sie dadurch war.

Wenn man sich der Zeit verwandt empfindet, dann liebt man sein Schicksal und ordnet sich ihm unter. Dann werden sich Verluste nie wieder wie Verluste anfühlen, sondern vielmehr als die Wiederherstellung des Ewig-Weiblichen, des zweiten Körpers. Sie werden nicht mehr Mary oder Susan oder Sarah sein. Sie sind durch und durch Frau.

Möglicherweise ist das Alter das erste Mal, dass man selbst Frau wird.

Schütteln Sie Ihre Vergangenheit von sich ab, denn sie ist reif

Unsere Leitfigur Madame de Maintenon fand sich mit ihren Verlusten ab, indem sie ihre jugendlichen Illusionen ablegte. In den tristen mittleren Jahren ist man zwischen seiner Vergangenheit und der Zukunft gefangen. Aber Reife bedeutet, sich von der Vergangenheit zu befreien. »Versuche, die Vergangenheit nicht zu sehr zu bereuen«, erinnerte sich Colette an ihre Methode, Beweglichkeit zu gewinnen, indem sie Ballast abwarf. »Ereignisse haben eine Reife, ebenso wie Orte oder Beziehungen. Bei allen geht es um Trennung, wie bei einem Kind, das reif für die Geburt ist. Das Kind verletzt uns auch, und doch *muss* es fallen. Ich liebe meine Gegenwart. Ich schäme mich nicht für das, was ich hatte, und ich bin nicht traurig, weil ich es nicht mehr habe.«

Wenn Sie in der Vergangenheit leben, dann hat die Zeit Sie im Griff. »Wir machen keine Fehler – wir leben!« Die Künstlerin Louise Nevelson freute sich darüber, dass viele ihrer Erinnerungen von der Zeit verschlungen wurden. Von Vergangenem befreit, gewann sie einen klaren und unverstellten Verstand, frei von »Splittern«, wie sie die Erinnerungen nannte. Vergessen bedeutete für sie das Putzen ihres Verstands mit Silberputzmittel und Tüchern, um ihn

»poliert« zu halten – eine Form des Säuberns, die sie für den Schöpfungsprozess als sehr wichtig empfand, da sie dadurch einen reichen Vorrat an halb erinnerten Gefühlen und Erfahrungen gewann.

Die russische Zarin Katharina die Große war niemals nachtragend – eine Methode, die Vergangenheit wie eine reife Frucht fallen zu lassen. Beleidigungen merkte sie sich, reagierte aber nicht auf alte Verletzungen. Als ihr Geliebter sie für eine Frau verließ, der er versprochen war, wusste sie, dass er bald begreifen würde, dass eheliche Freuden nicht so anregend waren wie das Vergnügen, am Hofe als Günstling der Zarin respektiert zu werden. Mit sechzig wusste sie, dass ihr Geliebter zu ihr zurückkehren würde. Katharina hatte sich die Vorstellungskraft und die Unschuld eines Mädchens bewahrt, hatte aber begriffen, dass die Liebe und die Macht der Illusionen stärker sind als der geschickteste Diplomat.

Lassen Sie Ihren physischen Körper in der Gegenwart leben, wie es eine Katze tut. Colette empfiehlt: »Begnügen Sie sich mit einer Verlockung, auch wenn sie nur von kurzer Dauer ist, und geben Sie ihr dann auch nach. Wessen kann man sich sicherer sein als dessen, was man in Händen hält, und zwar gerade dann, wenn man es in Händen hält? Wir haben so wenig Gelegenheit, besitzergreifend zu sein.«

Wenn Sie die eigene Vergangenheit zunehmend hinter sich lassen, werden Sie die Wirkung großer Frauen auf die Geschichte noch interessanter finden. Je mehr Sie »Wir« anstelle von »Ich« werden, desto stärker wird das eigene zweite Selbst. Dieses zweite Selbst wird sich als geheimnisvolle Präsenz zu der Macht Ihrer körperlichen Erscheinung hinzuaddieren.

Wenn wir uns selbst in der Kunst der Präsenz ausbilden und uns damit umgeben, dann lernen wir auch die Geheimnisse verstehen, die Leonardo da Vinci bildlich dargestellt hat. Diese Geheimnisse werden in den nachfolgenden Taktiken aufgedeckt. Sie sind Ausdruck einer Liebe, die weit mehr ist als Romanzen; sie entwerfen die Vision einer goldenen Welt, die destruktive Mächte beherrscht und in der die juwelenfunkelnde Würde des aristokratischen Alters regiert.

So beginnen wir, das Meisterwerk unseres Lebens mit allen Formen und Farben, die uns gegeben sind, darzustellen.

Taktik Nummer 3

Werden Sie ein großer Mann,
der ganz Frau ist,
denn die Geschlechter altern nicht.
Sie reifen zur Weiblichkeit.

*F*rüher einmal, in unserer Jugend, kamen die Männer vom Mars und die Frauen von der Venus. Doch mit dem Alter gelangen Männer und Frauen an denselben Ort: die Reife. Unterschiede verringern sich: Männer bekommen Brüste, und die Oberkörper der Frauen werden breiter. Männer werden schwächer, und Frauen gewinnen an Kraft. Männer werden emotional, Frauen werden härter. Männer kriegen die Midlife-Crisis, Frauen erleben ihre Midlife-Neugeburten. Männer jammern über Dinge, über die Frauen nur lachen können. Frauen werden so kraftvoll wie Teenager-Jungen, Männer so sanft wie jungfräuliche Bräute.

Das verändert das Feld der Beziehungen der Geschlechter – und somit die Macht – völlig. Das liegt nicht nur daran, dass Frauen jetzt mit Wesen zusammenleben, die sich weniger von ihnen selbst unterscheiden, sondern auch, weil sie jetzt neue Fähigkeiten voll ausspielen können.

Wenn die Menschen mehr Ähnlichkeiten als Unterschiede aufweisen, dann gibt es mehr Zuneigung und weniger Streit.

Elisabeth I. sagte, sie würde als Frau, jedoch »mit dem Herzen und dem Bauch eines Königs« regieren. Dreihundert Jahre später schrieb Gustave Flaubert über seinen »cher maître«, den »lieben Meister« George Sand, Feministin und Schriftstellerin und noch bis zu ihrem Tod mit einundsiebzig Jahren von Männern angebetet und geliebt: »Sie war ein großer Mann, der ganz Frau war.« Er nannte sie oft »er«. Zweihundert Jahre nach Elisabeth erklärte Susan Sontag, dass es ihr Ehrgeiz sei, im Alter ein großer Mann zu werden.

In manchen Gesellschaften sind ältere Frauen in die Geheimnisse eines von Männern bestimmten Kults eingeweiht, während junge Frauen entschieden davon ferngehalten werden. Das Alter erlaubt es den Frauen, diese Geheimnisse öffentlich anzuwenden. Weiblichkeit in ihrem besonderen Ausdruck enthält alles: weiblich und männlich, Schöpfung und Zerstörung, Lachen und Ernsthaftigkeit.

Der Beweis hierfür liegt buchstäblich unter der Haut des Gemäldes. Wenn wir in die Augen der Mona Lisa schauen, sehen wir in die des Künstlers: Sie ist direkt über das Selbstporträt von Leonardo gemalt, über sein fünfzigjähriges Gesicht. Warum hat er sein reifes Selbst genau deckungsgleich unter das Gesicht einer faszinierend alterslosen Frau gesetzt, so dass die weiblichen Züge seine maskulinen überdecken? Die Dualität der Geschlechter gehört zu den Aspekten, die am Gesicht der Mona Lisa so faszinieren. »Der Maler malt immer sich selbst«, sagte Picasso und zitierte dabei Leonardo. Leonardo übergab das Werk, das er um 1503 fertigstellte, niemals an sein wahrschein-

liches Modell Lisa Gherardini, die das Bildnis möglicherweise auch in Auftrag gegeben hatte. Er nahm es auf alle
seine Reisen mit, vielleicht, weil es für ihn mehr als nur das
Porträt einer Kundin war.

Die Mona Lisa ist ein großer Mann, der ganz Frau ist,
und eine große Frau, die ein reifer Mann ist.

Die Frau hat das Privileg, sich auf Kosten des schwächeren Mannes erneuern zu können. Im Alter ist die Überlegenheit der Frau willkommen. Am Ende kann sie sogar
das Streben nach Ebenbürtigkeit mit dem Mann aufgeben
und stattdessen ihre Überlegenheit annehmen – oder besser gesagt die Tatsache, dass Frauen in ihre Alphamänn-
chen-Natur hineinwachsen, ohne ihre weiblichen Züge zu
verlieren. Männer mögen sich nun fragen, wie sie ein großer Mann, der ganz Frau ist, werden können. Faust, ein
Gelehrter, der seine Seele an den Teufel verkaufte und sie
dann wieder zurückgewinnen wollte, stellte seine verlorenen Kräfte wieder her, indem er eine Zeitlang im »Reich
der Mütter« verbrachte. Reife weibliche Erkenntnis heilte
und erneuerte seine verlorenen Kräfte. Der griechische
Gott Dionysos ließ die Menschen wissen, dass er ursprüng-
lich als Mädchen aufgezogen worden sei. Die ersten und
stärksten Anhänger von Jesus Christus waren Frauen. Bis
heute schulen sich Männer in weiblicher Meisterschaft
und Führungskraft.

Mit der Zeit wird das »Männliche« allmählich zum
schwächeren Geschlecht, zu dem Geschlecht, das im Ange-
sicht von Krieg und Verfall verletzlich ist, während sich das
Weibliche als wild, von Gerechtigkeitssinn getrieben und
dominant, nicht egozentrisch, präsentiert. In einer neuen,
mehr volksverbundenen Generation von Politikern gibt es

heute eine Sehnsucht nach dem Reich der Mütter. Sie verhalten sich tolerant, pluralistisch, weiblich, mütterlich und wissend oder ruhig, sie benötigen weniger Status und Aufmerksamkeit, als man es sonst von Herrschern gewohnt ist. Im ganzen paternalistischen Lateinamerika werden Frauen in hohe Ämter gewählt. In den Jahren 2005 und 2006 wurden eine Frau Präsidentin in Liberia, eine Frau Bundeskanzlerin in Deutschland, und in den USA wurde eine Frau zum ersten Mal Sprecherin des Repräsentantenhauses. Vielleicht wird Hillary Clinton im Alter von siebenundfünfzig Jahren für das Präsidentenamt kandidieren, eine Kandidatin, von der die Wähler sich mehr Moral und einen größeren Blick aufs Ganze versprechen als von den männlichen Politikern.

Männer und Frauen trachten nach diesen ultraweiblichen Eigenschaften – den Stimmen moralischer Entrüstung und persönlicher Empathie. Ségolène Royal, sozialistische Kandidatin für das Präsidentenamt in Frankreich, bezeichnet sich in Zeiten, in denen Institutionen sehr an Glaubwürdigkeit verloren haben, als »Anti-Elefant«, also fern politischer oder institutioneller Mechanismen. Eine Frau, die sich um das Präsidentenamt der Vereinigten Staaten bemüht, täte gut daran, sich eher als dezidiert weiblich zu zeigen denn als Figur, die außerhalb jeder geschlechtlichen Definition steht.

Die reife Weiblichkeit wird heute als besonders authentisch und wünschenswert betrachtet. Als Mario Batali seine einzigartige Kochkunst entwickelte, schob er die Gottväter der französischen Küche wie den *Larousse Gastronomique* beiseite und nahm sich stattdessen Methoden und Rezepte seiner italienischen Großmutter zum Vorbild.

Ein großer Mann, der ganz Frau ist, kämpft nicht so sehr gegen andere oder gegen sich selbst, sondern vielmehr gegen die Kultur ihrer Zeit. Solch eine Person möchte gern anachronistisch werden: Sie sucht Wege, um aus der Zeit heraustreten zu können, anstatt immer im Trend liegen zu wollen.

Ein großer Mann, der ganz Frau ist, wendet sich ab vom Verhalten der mädchenhaft weiblichen Jugend. Reife Frauen sprechen nicht lauter, sondern klarer. Ihre Projekte und Ziele sind weniger verschwommen oder hochgestochen, sondern konkreter und mit mehr Bodenhaftung versehen. Und ihre Bedürfnisse ebenso.

Ein großer Mann, der ganz Frau ist, wird in jeder Hinsicht natürlich. Sie erzwingt oder stilisiert keine Macht. Sie entkrampft sich und lässt von ihrer Abwehrhaltung ab. Ihre Arbeit entspricht der organischen Entwicklung ihres Lebens. »Unterordnung« – ein Wort, das früher geschlechtsspezifisch benutzt wurde – charakterisiert jetzt die Beziehung der reifen Frau zur Zeit, zu ihrer Bestimmung und zu ihren ureigenen Kräften.

Ein großer Mann, der ganz Frau ist, zeigt mehr Weibliches, nicht weniger. Sie flirtet ausgiebig mit anderen Menschen und liebäugelt ebenso mit ihren Möglichkeiten. Sie handelt mit einer Hingabe, die sie in ihrer Jugend nie besaß. Sie erwirbt eine Familie von Verbündeten, einen Hofstaat, der nicht nur aus Blutsverwandten besteht.

Ein großer Mann, der ganz Frau ist, lebt diese neuen Vorteile als Geschichtenerzählerin aus. Nichts zeigt die Überlegenheit über die Zeit so sehr wie das Erzählen von

Geschichten oder Erlebnissen aus dem eigenen Leben. Eine Geschichtenerzählerin kann ihr Zeitverständnis beliebig verlangsamen oder beschleunigen. Sie kann sich selbst als vollständiges Wesen neu erschaffen. Das geht bereits durch Abändern ihrer sprachlichen Ausdrucksmittel durch ein einziges Wort.

Eine konzertierte Aktion der Verführung

Wer sich von reifer weiblicher Führungskraft angezogen fühlt, der möchte verändert, vertieft und verwandelt werden. Und so können wir andere anziehen:

Benutzen Sie die Sprache der Invitation.
Männer führen durch *Imitation,* indem sie ein bestimmtes Verhalten in anderen veranlassen. Junge Frauen führen durch *Inspiration* und Reiz. Reife Frauen jedoch führen durch *Invitation:* sie laden zu einem offenen, experimentellen und freudigen Erlebnis ein.

IM ALTER VERFÜHRT MAN KEINEN JUNGEN
(BZW. KEINEN MANN, KEINE FRAU,
KEINE MENSCHENMENGE),
SONDERN MAN HILFT IHM,
DIE FRAU ZU NEHMEN.

In einer Welt, in der die jungen Leute immer wieder Entscheidungen treffen müssen – von der Cornflakessorte bis hin zum Lebenspartner –, benötigt man ein neues Vokabular. Denn Wählen bedeutet Auseinandersetzen. Und so bringt man eine Auseinandersetzung zu Ende: Man wählt die eine oder die andere Alternative. Man wählt eine Sicht der Welt auf Kosten einer anderen, die auch interessante Aspekte birgt.

Die *Invitation* ist eine andere Methode, sie ist von Akzeptanz und dem Verlust von Willen getragen.

Dazu gehören Überraschung, Staunen und eine Entdeckung, die sich nicht aus einer, sondern aus verschiedenen starken Energien speist. Invitationen sehen einem großen Gemälde sehr ähnlich: Ein Bild wie das von der Mona Lisa ist eine Invitation.

Behalten Sie dieses Bild in Erinnerung. Legen Sie es wie eine Hintergrundmusik Ihren Begegnungen zugrunde. »Wer kann Ihnen sonst geben, was Sie von mir bekommen?«, so könnte eine Invitation lauten. »Wer umschifft Widerstände, Cliquenwirtschaft und hierarchische Sackgassen besser als ich? Und wenn andere kommen, die Sie zum Mittelpunkt machen, dann erinnern Sie sich an mich; ich bin hier sozusagen von einer anderen Baustelle, einem anderen Ort, einer anderen Welt. Lassen Sie uns miteinander reden. Vielleicht werden Sie ja ein Teil meines Kreises, meines Netzwerks.«

Die Jahre des Verlustes zeigen einer Frau, dass sie alles hat, was sie braucht. Selbst in Konflikten muss sie nicht Stellung beziehen. Hier ist Nicht-Handeln vorzuziehen. Sie können dabei gern unzählige Male darauf hinweisen, wie notwendig eine Entscheidung ist. Elisabeth I. liebte diese Taktik. Sie befand sich bereits in der Position der Führenden, die Möglichkeit einer Wahl hätte nur Widerstand hervorgerufen. Wenn man keine Wahl trifft, dann bleibt die Invitation ganz offen. Ganz einfach geschieht das, wenn man das Wort »oder« durch »und« und das Wort »sollte« durch »könnte« ersetzt. Indem man diese kleinen Veränderungen an der Redeweise vornimmt, benutzt man die Sprache der offenen Invitation.

Die Königin weiß, dass ihre Macht nicht daher rührt, alle zu übertrumpfen, sondern in dem Geheimnis, die »Geliebte« zu sein, die auch Gastgeberin und Freundin ist.

Wagen Sie ein neues Lebensgefühl, das auch Wut zeigt.
Bei gereiften Frauen und ihren Lebensgeschichten findet ein bedeutsamer Wandel statt. Reife Frauen haben keine Lust mehr, sich in die Altherrenclubs vorzukämpfen. Sie sind es leid, sich mit den alten Elefanten zu verbünden oder auch nur so zu tun als ob. Sie wollen keine Elefanten sein. Oder noch mehr: Sie wollen Nicht-Elefanten sein. Sie wollen Räume schaffen, die sich von denen der gegenwärtigen Machtzirkel unterscheiden. Als Ségolène Royal im Alter von zweiundfünfzig Jahren für das Präsidentenamt in Frankreich kandidierte, agierte sie im Gegensatz zu den männlichen Bewerbern auf einer völlig anderen Bühne: Sie vermied wolkige Ideen und machte sich für solch »triviale« Themen wie Schulen, Kindererziehung und Kultur für alle stark. Im Grunde genommen trat sie gegen die politische Tradition Frankreichs an, die von Männern dominiert und betoniert war. Diese Tradition schlug zurück und machte Royal als Seifenblase lächerlich, die angeblich nur von einer vorübergehenden Welle der Politikmüdigkeit bewegt würde. Eine Seifenblase war Royal hingegen nur, was ihren zauberhaften Schimmer betraf; immerhin gewann sie die Nominierung ihrer Partei.

Wähler, Verbraucher, Anhänger wollen, dass Frauen die

Wut äußern, die sie empfinden, und zwar nicht auf zickige Weise, sondern mit ethischem Anspruch. Sie wollen ihren Zorn öffentlich machen, doch so, wie Frauen ihn artikulieren können, mit einem Sinn für moralische Instanzen. Die Wähler wollen, dass eine Frau sich mit mosaischer Würde äußert – überzeugt, ruhig, kontrolliert und in ihren Zielen unerbittlich.

Einer starken Führungspersönlichkeit wie Hillary Clinton würde man nie vorwerfen, wenn sie ihre Gedanken zu offen äußerte, sondern nur, wenn sie dabei nicht entschieden und wütend genug wäre. Im Prozess des Älterwerdens gewinnen Frauen an Tiefe und Komplexität und ermutigen sich dazu, es mit den faltigen und langsamen Elefanten aufzunehmen. In manchen Gesellschaften wurden solche Frauen verbrannt, andere machten Nonnen aus ihnen oder schenkten ihnen einfach keine Aufmerksamkeit. Wieder andere machen sie zu Königinnen und begrüßen schließlich ihre Visionen.

Erkennen Sie, dass es nicht ums Überleben geht, sondern nur um die Liebe.

Dies ist die höchste Invitation, das entscheidende Element der neuen Sprache der Reife. In der Jugend war »Überleben« ein Wort, das am meisten wiederholt wurde. Jetzt ist Liebe ein wichtigeres Bedürfnis: Man muss Liebe bekommen und geben. Und nicht nur irgendeine Liebe, sondern die bedingungslose Liebe – die Liebe für alles, was Sie sind, nicht nur für ein paar auserwählte Partien. Elisabeth I. strebte nach der bedingungslosen Liebe ihrer Untertanen. Liebe muss der Grund dafür sein, dass ein Wähler eine Kandidatin wählt, denn Rationalität bringt ihr keinen

Wahlsieg. Bedingungslose Liebe löscht die Bedrohung aus, die von der Sexualität herrührt.

»Amor Mundi« ist der Begriff der Philosophin Hannah Arendt für ihre Vorstellung von bedingungsloser Liebe zur Welt. Das war eine seltsame Idee für eine Frau, die im Alter von zweiundfünfzig Jahren aus allernächster Nähe die politischen Monstrositäten von Krieg und Genozid gesehen hatte.

Eleonore von Aquitanien entwickelte mit ihrer Förderung der Kunst eine neue Form der Macht: einen Hof der Liebe. Von Eleanor Roosevelt ging die Idee einer neuen Form der Politik aus: sie bestand aus Opferbereitschaft und Liebe. Die Frauen überall auf der Welt, die sich um hohe Ämter in ihren Regierungen bewerben, verhalten sich auf ähnliche Weise: gegen Zurückhaltung und Abstraktion, gegen ideologische Verschanzung und männliche Dominierung. Die Welt steht den Invitationen der Frauen zu einem neuen Weg praktischer und spiritueller Visionen weit offen. Je mehr die politischen Klassen und die Machteliten – die Kirchen, das Militär, die großen Körperschaften – den Menschen fremd werden und an Vertrauen verlieren, desto mehr ist es an der Frau, eine neue Form institutionellen Lebens zu schaffen.

Hören Sie auf, sich selbst zu produzieren, zu verändern oder zu verbessern. Ernten Sie alles, was es zu ernten gibt.

Eine junge Frau arbeitet so, wie sie atmet: sehr schnell und unbewusst. Sie verschlingt die Welt um sich herum und produziert sie wieder als Worte, Gemälde, Entscheidungen oder Babys. Im späteren Leben beklagt sie sich möglicherweise darüber, dass sie nicht mehr arbeiten kann und die Konzentration auf eine Sache als Qual empfindet. Sie hat das Gefühl, nicht Fisch und nicht Fleisch zu sein. Das ist der Augenblick, in dem sich alles verändert: Fokus, Einstellung, Gewohnheit. Nun produziert sie nicht mehr, sondern erntet. Man darf die Früchte des Alters ruhig offen und schamlos ernten. Elisabeth I. zum Beispiel trug manchmal ihren königlichen Busen bei Hofe so, dass man buchstäblich ihre alternden Brüste sehen konnte, was allen möglichen Spaßvögeln viel Anlass zur Satire gab. Diese seltenen Augenblicke einer schamlosen Selbstdarstellung übermittelten jedoch eine Botschaft: Die Königin war jenseits von Scham und ungebändigt, sie musste keine Erklärungen abgeben. Das war eine Invitation, ein Angebot an den Hof, zu erkennen, dass sie eine Frau und eine Monarchin war, die sich geben konnte, wie sie wollte.

Nehmen Sie eine unproduktive Produktivität an, indem Sie weniger tun und mehr sind.

Andere in den eigenen Machtbereich oder die eigene Geschichte zu ziehen heißt, es egal sein zu lassen, ob die eigenen Handlungen in etwas Großartigem oder auch Fertigem enden. Man macht, was man am liebsten machen möchte, und wenn diese Arbeit fehlerhaft oder unfertig ist oder wenn sie nur einem selbst gefällt, dann ist es eben so. Spannender als das Meisterwerk ist nur eine Arbeit, die völlig »unmeisterhaft« ist. Roh. Angefangen und dann aufgegeben, aber voll von neuer Energie, die mit der fokussierten Energie der Jugend nicht zu vergleichen ist. Reife heißt Rundheit, kann aber auch Runzeln oder Verwüstung bedeuten. Sie trägt die Zeichen des Alters.

Taktik Nummer 4

Das Gesicht weiblicher Autorität richtet
die Aufmerksamkeit von sich weg und immer mehr
auf andere und auf die Welt als Ganzes.
Darin ruht seine wahre Schönheit.

Picasso sah in Gertrude Stein eine Kraft, wie sie Künstler der Renaissance in Frauen wahrnahmen und in Gemälde von überirdischer Schönheit übertrugen. Als Stein zum ersten Mal das Porträt sah, das Picasso von ihr gemalt hatte, rief sie: »Das sieht überhaupt nicht so aus wie ich!« Er erwiderte: »Das wird es aber.« Er hatte recht. Stein bekam im Laufe der Zeit ein ganz herrschaftliches, gebieterisches und unwiderstehlich attraktives Aussehen. Sie wuchs zu ihrer Bestimmung als zeitlose weise Frau, und diesen Geist erkannte Picasso in ihr.

Die Identität und die Macht einer Frau kann man größtenteils in ihrem Gesicht erkennen, das ihr selbst im Alter wie das einer Fremden vorkommen wird. Das liegt daran, dass das Gesicht in der Reife viel nackter ist als je zuvor. Wenn es seine weichen mädchenhaften Züge verliert, nimmt es eine unerschrockene Schönheit an, die andere anzieht und sie vielleicht auch einschüchtert. Will man seiner vollen Macht Ausdruck verleihen, dann muss man annehmen, wie unerschrocken die Schönheit sich darstellt und zeigt, und wie wir – Künstlerinnen des Meisterwerks der Reife – dafür sorgen können, dass wir gesehen werden. Denn Frauen werden im Lauf der Zeit nicht unsichtbar. Sie werden immer mehr beachtet. Eine gebieterische Präsenz einzunehmen bedeutet aber, dass man die Elemente der Reife bewusst und schnörkellos zeigt.

Was ist denn das Gesicht weiblicher Autorität?

Es gibt vier solcher Gesichter. Jedes davon ist das äußere Porträt eines inneren Konzepts von Führungskraft und Selbstwert. Jedes Gesicht bietet eine andere Annäherungsform an die drohenden Ängste des Alters: unsichtbar zu werden und unterschätzt zu werden. Jedes Selbstporträt bietet eine Möglichkeit, gesehen und bewundert zu werden.

Ein Maler sieht hinter dem Äußeren eine tiefere und dauerhaftere Schönheit. Eine Frau ist vielleicht tatsächlich nicht mehr so nützlich für andere, wenn sie die Höhenflüge ihrer Karriere und die Verästelungen ihrer Familie verlässt. Dann werden ihre Eigenschaften unantastbar und drücken sich in Wärme oder Weisheit aus. Sie wird wie ein Bild oder eine Statue, die man begehren kann. Die Menschen erfreuen sich an dem Bild oder der Statue, wissen aber nicht, was sie damit anfangen sollen. Also bringen sie sie im Geiste in einem abgelegenen Tempel unter, wo sie von keiner kühlen Analyse weltlich gemacht werden kann. Nachdem das erste Erblühen der Schönheit vergangen ist, lieben die Menschen eine Frau, ohne dabei nur sich selbst zu lieben. Das ist das ganze Geheimnis, wie wir das Schöne, das Gute und die »eine Wahrheit« der Liebe, Freundschaft,

Kunst, der Hingabe und des Glaubens vertreten werden. Das ist das weibliche Gesicht der Autorität. Es spiegelt diese zeitlosen Eigenschaften und nicht die Persönlichkeit wider. Weibliche Autorität hat nichts von den Zügen der Jugend ... es trägt nicht die Züge der »Persönlichkeit«. Es ist urbildlich.

WENN SIE MERKEN, DASS IHR EIGENES »SELBST« IMMER WENIGER DOMINANT WIRD, DANN LIEBEN SIE MENSCHEN UND DINGE FÜR DAS, WAS SIE IN SICH SELBST SIND, WAS DIE AUGEN IHRER SEELE IN IHNEN SEHEN, UND ÜBERHAUPT NICHT MEHR FÜR DAS, WAS SIE ZU IHREM EIGENEN SCHICKSAL BEITRAGEN KÖNNEN.

Reife spiegelt ausschließlich Liebe und Schönheit wider und nicht zwangsläufig die Bedürfnisse anderer ... Man wird zum Ausdruck weiblicher Energie:

> *»In allen früheren Zeitaltern war Geschlecht gleichbedeutend mit Stärke. Weder Kunst noch Schönheit waren erforderlich. Alle, auch die Puritaner, wussten, dass Diana oder irgendeine andere morgenländische Göttin von den Ephesern keineswegs wegen ihrer Schönheit angebetet worden war. Sie war eine Göttin aufgrund ihrer Kraft, sie war die treibende Kraft ... die größte und die geheimnisvollste aller Energien.« (Henry Adams)*

Wie Sie von anderen gesehen werden, ist wichtiger, als wie Sie aussehen. Sie haben es in der Hand, in welcher Weise

Sie auf andere wirken. Wenn Sie sich selbst im Spiegelbild einer Ikone betrachten, wie zum Beispiel im Gemälde von Leonardo da Vinci, dann wird Ihre Schönheit sanft. Ihre Poren und Falten verschwinden, und Sie erblicken Ihr Geheimnis und die Fülle der Weiblichkeit, die auf Sie reflektiert wird. Und das projizieren Sie wiederum auf andere.

So schön, wie Coretta Scott King in ihrer Jugend war, wurde sie wirklich faszinierend doch erst in den Jahren nach dem Tod ihres Ehemannes, als die Vergänglichkeit von Liebe und Leben die Sicht der Öffentlichkeit auf sie veränderte. Tragödie und Verlust hätten ihre Schönheit zerstören können. Doch sie wurde mehr als attraktiv, sie wurde eine Ikone, ein Urbild. Urbildliche Schönheit verleiht uns Zutritt, Spielraum und Aufmerksamkeit in einem Maß, wie man es in der Jugend nicht kannte. Ein Betrachter mag gerade gezwungen sein, ein Gesicht, in das sich das Geheimnis des Lebens eingegraben hat, genauer anzusehen. Durch ihren schrecklichen Verlust war King auf ihre Essenz reduziert und wurde so im Alter zu einer Person unerschrockener Schönheit. Die Schönheit, in die man mit den Jahren hineinwächst, nimmt der Vergänglichkeit ihren Stachel.

Eine Frau hat wie ein Künstler die Macht, von einem anderen Menschen so gesehen zu werden, wie sie gesehen werden möchte.

Da das menschliche Leben im Fluss ist, verkörpern schöne Frauen wie Blumen nicht nur Eleganz, sondern auch die Wirklichkeit und eine Spur der Trauer, die das Leben in der Zeit enthält. Die tiefe Menschlichkeit steigt an die Oberfläche auf. Die Frauen bergen auch die Elemente der dunklen, unergründlichen und gelassenen Farben des Universums.

»Im Alter von fünfzig Jahren entwickeln Frauen eine neue Art der Schönheit, so wie man später im Leben noch einmal eine neue Karriere beginnt oder wie Boden, der nicht mehr gut genug ist, um Wein darauf wachsen zu lassen, benutzt werden kann, um Gemüse anzupflanzen. In einer solchen Umgebung beginnt eine neue Jugendlichkeit zu erblühen.« (Marcel Proust)

So wirkte Karen Blixen mit dreißig zurückhaltend und unauffällig. Doch mit sechzig war sie gebieterisch, fesselnd, und ihr Gesicht war ein Flussbett von Falten, ihre Augen schwarze glänzende Kohlen. Im Alter von sechzig Jahren war Eleanor Roosevelt faszinierender als in ihrer Jugend. Sie wusste, dass die neuen Jacketkronen dabei geholfen hatten, aber auch, dass man im Alter für sein Gesicht selbst verantwortlich ist. Ihres drückte die Entscheidung aus, die Menschen zu lieben, ganz gleich, was sie taten, und anderen zu helfen und sie zu retten. Ihre Schönheit wurde eins mit ihrer Arbeit, sie wurde damit identifiziert. Ihr Gesicht teilte ihr Bekenntnis zu gewaltigen und selbstlosen Aufgaben mit. Fotos von ihr hingen wie Ikonen jahrelang in allen möglichen Häusern in der ganzen Welt. Ihr Gesicht machte den Menschen Freude, es war ein Abbild der Schönheit hinter der Schönheit. Wir haben kaum ein Wort, um die Beschaffenheit dieser neu-alten Schönheit zu beschreiben. Sie ist der Ausdruck von Offenheit, Humor und dem »Wir« vor dem »Ich«.

Das Bild von der Blume soll uns eine neue Sprache vermitteln, um die Schönheit hinter der Schönheit einzu-
fangen. Colette betonte immer, dass sie das Aufblühen
mehr interessiert habe als jede andere Stufe des Lebens:
Dort fände das grundsätzliche Drama statt.

Das Aufblühen ist der Höhepunkt. So wie die Jugend
eine Knospe ist, so ist die Reife eine Blume.

Vier Blumen stehen für die immer zwingender werdenden Stufen mutiger, machtvoller Schönheit. Jede ist
von urbildlichem Aussehen und verhilft dazu, gesehen, gehört und anerkannt zu werden.

Vier Stilrichtungen definieren die Präsenz der mutigen
Schönheit, durch die das Alter neu definiert wird. Das
Gesicht der Jugend ist höchst vertraut. Es wirkt auf den
Betrachter durch seine Ästhetik. Nur wenige wissen aber,
wie man das Gesicht der Schönheit hinter der Schönheit
liest. Und doch bedeuten Unterscheidungen Macht: Ein
Medizinstudent lernt zehntausend neue Wörter, und den
Unterschied zwischen »Duodenum« und »Jejunum« zu
kennen macht aus einem Menschen einen Arzt. Um die
vier Gesichter der Autorität zu definieren, müssen sie auf
ihren Trägerinnen deutlich erkennbar sein, sie müssen sich
unserem Verstand als eine neue Heraldik des Gesichts ein-
brennen. Die Eigenschaften unseres Verstands zeigen sich
irgendwann auch auf unserem Gesicht. Es geht jedoch
nicht nur darum zu sagen, dass man im Alter zu einer mutigen Schönheit erwächst. Man muss vielmehr ein neues
visuelles Vokabular benutzen, wenn man die eigene Erscheinung beurteilt.

Es gibt noch einen Aspekt unserer Analyse weiblicher Autorität. Je mehr wir uns in die Schönheit des Alters hineinbegeben, desto glücklicher sind wir. Jedes der vier Gesichter vertritt eine neue Stufe unserer Allianz mit der Zeit.

»Einsen«: Die Frau, die bewundert wird

Symbol: Eine wunderschöne Blume.
Taktik: Wie eine wunderschöne Blume macht eine »Eins« die sie umgebenden Elemente durch ihre Gegenwart strahlender.
Ursprung der Macht: Das Hervorrufen von Erstaunen.

Einsen scheinen alterslos zu sein. Ihre Präsenz beruht auf der Disziplin, mit der sie ihre Jugend bewahren. Doch um ihre Erscheinung erhalten zu können, sind sie auf die Freundlichkeit der Zeit angewiesen. Und das ist keine gute Methode, denn die Zeit kann sehr unzuverlässig sein.

Eine Person, auf deren Handlungen oder Erscheinung die Leute hinweisen, ist meistens eine Eins: Cathérine Deneuve, Kim Basinger, Julia Roberts. Der Reiz unübertrefflicher Schönheit ist oft das Werk einer Eins. Einsen ziehen die Aufmerksamkeit auf sich.

An Einsen ist nichts Selbstsüchtiges oder übertrieben Narzisstisches. Sie wollen einfach ihren Glanz verbreiten. Eine sehr bekannte Nachrichtenmoderatorin zum Beispiel lächelt immer die Personen an, die sie interviewt. Ihr Gegenüber scheint dann durch die von der Moderatorin gewährte Aufmerksamkeit überzeugender. Als die brillante Herausgeberin der *Vogue*, Anna Wintour, einen Designer hartnäckig pries, wurden sowohl der Designer als auch Anna Wintour bedeutender.

Wer auf diese Weise kommuniziert, ist sich seiner Funktion als Fokus immer bewusst. Louise Nevelson sah im Alter mit ihrem ölig glänzenden Gesicht und den dunklen, dichten künstlichen Wimpern wie ein wunderschöner Clown aus, und sie hielt mit ihrem Alter überhaupt nicht hinterm Berg. Sie trug das Alter als Ehrenzeichen. Es wurde zu einem Ereignis, mit dem sie sich selbst und andere unterhalten konnte. »Ich langweile mich nie, wenn ich der Star bin«, sagte Nevelson, die mutigste und originellste amerikanische Bildhauerin des zwanzigsten Jahrhunderts. Als sie die Sechzig überschritten hatte, wurde ihre Präsenz noch kraftvoller als zuvor. Sie betonte ihre Erscheinung noch mehr als in ihrer Jugend, trug opulente schwarze Stoffe und nannte sich selbst die »Herrscherin der Künste«. Keine Frau sollte einen Raum betreten, ohne einen möglichst außergewöhnlichen ersten Eindruck zu hinterlassen, davon war sie überzeugt. Nie fühlte sie sich overdressed, höchstens underdressed. Ihre Kleidung war weit, und die Schuhe hatten flache Absätze, so dass sie große Schritte machen konnte. »Man kann mich eine lebendige Collage nennen«, sagte sie. Sie wusch ihr Gesicht in Olivenöl und trug immer zwei Sets künstlicher Wimpern übereinander.

Einsen halten zunehmend ihren Zorn zurück und erwerben gleichzeitig die Gnade und die Macht des Alters. Sie können aufbrausend sein, ihre harte Persönlichkeit verbirgt aber ein sanftes Inneres. Man denke zum Beispiel an Meryl Streeps Starrolle als Chefredakteurin von *Runway*, wie die Zeitschrift in *Der Teufel trägt Prada* heißt. Die

Redakteurin, die Streep darstellt, ist fordernd und hartnäckig. Das ist aber ihre Methode, um in anderen ihr eigenes Verhalten widerzuspiegeln und sie dadurch zu einem höheren Maß an Kreativität anzuregen. Streeps Darstellung ist so überzogen, dass sie fast komisch wirkt. Einsen bleiben gerade noch innerhalb der Grenze zwischen ernsthaft und hyperdramatisch.

Einsen drücken den Zauber der einzelnen Blüte aus. Sie wollen größtmögliche Aufmerksamkeit für sich.

Ihre körperliche Schönheit bringt andere dazu, sich in ihrer Gegenwart zu spiegeln. In Shakespeares Theaterstück *Antonius und Kleopatra* verlässt der römische Krieger Antonius seine Familie und sein Zuhause, um mit der ägyptischen Königin Kleopatra zu leben. Ihre Einsen-Energie und ihr vollkommener Charme verlocken ihn dazu, sich in Kleopatras Augen selbst zu spiegeln: Ihre Schönheit, oft als weibliches Gutaussehen und nicht als jugendliches Hübschsein dargestellt, verleiht ihm das Gefühl, stark und mächtig zu sein. Kleopatras Macht ist der Spiegel, und ihre Macht regeneriert ihn. Sie ist übertragbar. Die Freuden, die Antonius von Kleopatra erfährt, wirken nicht berauschend, sondern lebenserhaltend. Kleopatra besitzt einen höheren Sinn für Macht – sie weiß, dass sie sowohl männlich als auch weiblich sein muss. Die Macht, die Kleopatra Antonius vermittelt, ist die der Frau, die den Hof und nicht das Königreich wählt, reife Weiblichkeit statt rationaler Männlichkeit. Das Königreich bedeutet Kontrolle und ist notwendig, doch Feiern und Lieben sollten nicht vermieden werden, sondern gesucht. Das ist Kleopatras Invitation.

Die Macht der Eins ist unerschrocken. Sie ist auch

höchst experimentell und weist auf einen umfassenden Glauben an das eigene Selbst hin.

»Um gelobt zu werden, muss man sich selbst loben«, sagte der weibliche Machiavelli Diane de Poitiers. Diane faszinierte den französischen König Heinrich II., obwohl sie zwanzig Jahre älter war als er. Als er ein fünfzehn Jahre alter Prinz war und sie fünfunddreißig, wurde sie seine Geliebte. Nach seiner Krönung wurde sie die Mit-Regentin. Sie kümmerte sich um seine Außenpolitik und sein Geld und machte den französischen Hof zu einem lebendigen und intellektuellen Zentrum. Doch ihre große Stärke ist gleichzeitig auch ihre Schwäche: Einsen sind abhängig davon, dass andere ihre Schönheit spiegeln oder bewundern.

Anaïs Nin war eine moderne Mischung aus Kleopatra und Diane. Sie war dreiundsechzig Jahre alt, als das Tagebuch, das sie drei Jahrzehnte geschrieben und dann noch einmal fast ebenso lange verborgen hatte, endlich erschien. Der späte Erfolg brachte Nins enorme Präsenz zum Strahlen. Sie trug fließende Kleider, ihr Gesicht war eine gepuderte Maske, ihre Stimme ein Flüstern: Ihre Weiblichkeit war die Grundlage für ein freies und abenteuerliches Leben, das von berühmten Freunden, wunderschönen Kleidern, Liebesaffären und der kompromisslosen Arbeit einer Künstlerin bestimmt war. Die Männer waren so gebannt von ihr, dass Nin zur selben Zeit an zwei verschiedenen Küsten mit zwei verschiedenen Männern die Ehe einging: »Ich lebe meine Träume.« Sie schien in Bernstein gefangen zu sein und machte mit jugendlicher Energie weiter. Jeder ihrer Ehemänner profitierte – wie Antonius – von Nins Präsenz.

Die Strategie der Eins ist es folglich, andere anzuziehen, um ihre Präsenz darin zu spiegeln. Das ist nicht leicht, und die Bühne der Einsen konzentriert sich somit auf ihre körperliche Gegenwart und ihre Geschichten von Stärke und Heldentum. Die Macht reifer Gegenwart schafft, wie wir noch sehen werden, eine größere Arena.

Das Leben der Einsen ist von Einzigartigkeit bestimmt. Sie bevorzugen hermetisch abgeschlossene Umgebungen. Andere sind nur dann und nur so lange auf ihren Grund eingeladen, wie die Gäste die Schönheit der Eins widerspiegeln und nicht viel von sich selbst hinzufügen wollen. Als Antonius fleht: »Ich sterb, Ägypten, sterbe«, unterbricht ihn Kleopatra mit einer Rede über *ihre* Bedürfnisse. Nur wenigen Privilegierten wird der Zugang zu Einsen gewährt, und die, welche in ihre Nähe eingeladen wurden, dürfen nicht zu viel von sich selbst einbringen wollen.

Die Energie der Eins wird durch ihre Präsenz definiert und begrenzt. Eine einzelne Blume hat niemals so viel Ausstrahlung wie ein ganzes Feld davon. Einsen sind ständig auf der Jagd nach Jugendlichkeit, und ihre Schönheit kann folglich wie eine einzelne Blume vergehen.

Eine Eins benutzt ihr Gesicht als Platzhalter für sich selbst und als Objekt ihrer eigenen Unterhaltung. Die Persönlichkeit ist eine anspruchsvolle Maske, die man unmöglich ignorieren kann und die nur schwer zu verändern ist.

Als sie alt wurde, glaubte Nevelson, ohne ihre Insignien – Kleid, Make-up und Reputation – nicht bemerkt und nicht geliebt zu werden. Nach ihrer Überzeugung mussten dazu mehrere Dinge zusammenkommen: Außer der Arbeit auch das, was man in die Arbeit hineinsteckt, wer man ist und wie man die Dinge präsentiert. Die Unsicherheit über ihre Erscheinung trieb Nevelson ins Extreme.

Charme ist eine begrenzende Eigenschaft. Eine Eins wird zu einer Zwei, wenn sie entdeckt, dass sie mehr Autorität besitzt, wenn sie den Blick gleichzeitig einfängt und ihm ausweicht.

Ein Prinzip visueller Energie, das auch Leonardo da Vinci kannte, besagt, dass Schönheit weniger von den Elementen in ihrem Fokus bestimmt wird, sondern von Eigenschaften am Rande. So wird in einem Zimmer zum Beispiel ein Sofa oder irgendein Möbelstück in der Mitte zuerst bemerkt, während geliebte Erinnerungsstücke – Fotos, Souvenirs, Bücher –, die an Wände und in Ecken verbannt sind, zunächst nicht bemerkt zu werden scheinen. Und dennoch verändert die Präsenz von Dingen am Rande das Ambiente oder die Energie des ganzen Zimmers. Leonardo malte die Mona Lisa absichtlich so, dass der Blick des Betrachters nicht auf der Mitte ihres Gesichts verweilt. Das dunkle Sfumato und die Schichten von erdigen Farben, die Leonardo geduldig eine auf die andere auftrug, sollen das Auge des Betrachters von einer Seite ihres Gesichts zur andern wandern lassen. Bei dieser Bewegung verändert sich der Blick Mona Lisas: aus dem Lächeln wird Ernsthaftigkeit. Dadurch wirkt sie lebendig.

Um das Auge des Betrachters vom Mittelpunkt weg auf die zugleich anziehende und ausstrahlende Rätselhaftigkeit weiblicher Präsenz zu lenken, muss eine Eins reifere Formen der Interaktion anwenden, die die nächste Stufe der Macht bietet.

»Zweien«: Die Frau, die anderen eine Lehrerin ist

Symbol: Eine Blume ohne Farbe.
Taktik: Das Gesetz des Paradoxen.
Ursprung der Macht: Besonnener Eros.

Eine Blume ohne Farbe ist schön für alle Sinne, nicht nur für die Augen und die Nase. Eine Blume ohne Farbe beschwört die Gegenwart eines Geheimnisses, das nur schwer zu greifen ist, das zu durchschauen sich aber lohnt. Es ist eine Blume, deren Anziehungskraft aus ihrer abstrakten Form oder aus ihrem Platz in der eigenen Erinnerung oder Vorstellungskraft herrührt. Hier geht es um die *Idee* von Blume und Düften.

Eine Blume ohne Farbe besitzt die Schönheit des reinen Weiß. In diesem nüchternen Stil vereinen sich auf jungfräuliche Weise Kunst und Natur. Wie bei reinem Schnee ist es das Silber, das vorherrscht, nicht die Berge von Eis.

Wie diese Blume beschwört die Zweien-Frau eine Präsenz, die nicht gänzlich von ihrer körperlichen Erscheinung abhängt. Sie ist von einer exquisiten Zurückhaltung, die sich an einen Ort, eine Zeit (wie der Sonnenuntergang) oder ein Gespräch mit anderen anpasst. Ihren ersten Zug macht sie von außerhalb des Zentrums: Sie erscheint und verschwindet gleichzeitig, und dies ist ein Merkmal der unerschrockenen Schönheit der Zwei.

Die Energie der Zwei ist von einer Eigenschaft, die man auch in den Fassaden der interessantesten Gebäude findet. Der Architekt des neu gebauten Museum of Modern Art in New York City sagte zu den Mitgliedern des Kuratoriums: »Treiben Sie genügend Geld auf, dann werde ich Ihnen ein wunderschönes Gebäude erschaffen. Treiben Sie noch mehr Geld auf, dann werde ich dafür sorgen, dass das Gebäude verschwindet.« Das zurückhaltende Gebäude, das er dann schuf, zieht die Besucher an sich, obwohl sie nicht von der Architektur abgelenkt werden und sich stattdessen auf die Kunst in seinem Innern konzentrieren können. Eine Frau, die wie ein Gebäude ist, besitzt mehr Präsenz dadurch, dass sie ihre Präsenz *suggeriert*, dadurch, dass sie die Aufmerksamkeit anlockt, als durch ein Festhalten daran. Dem Blick auszuweichen ist eine Praxis, die Zweien kultivieren. Je mehr eine Frau Aufmerksamkeit von sich abzieht, aber dennoch auf andere Weise verlockend wirkt, über desto mehr Energie und Macht gebietet sie.

Eine Zwei-Frau tut dies, indem sie die Eigenschaften einer Lehrerin annimmt, die lehrt, wer sie ist.

Zweien sind schön, aber nicht in einer Weise, die zu Kommentaren anregt, wie das bei Einsen der Fall ist. Sie umgarnen ihr Gegenüber nicht durch Charme oder Flirten, sondern sie unterrichten andere in den Eigenschaften, die sie selbst einzigartig machen. Die Designerin Vera Wang, deren Gesicht nahezu alterslos ist, ist das Symbol für Einfachheit: ihr Gesicht zeigt gleichzeitig weibliche und männliche Charakterzüge. Wang hat einer Generation von Bräuten gezeigt, wie sie sich anziehen sollen, sie hat die Hochzeitsindustrie ein neues Maß an Ritual und Eleganz bei der Gestaltung von Festen gelehrt. Sie verkauft nicht sich selbst, ihre Perspektive ist weiter. Sie verführt nicht und sie ist nicht charmant, sondern zeigt anderen ihre Sichtweise und ihre Interessen, und das nicht in zeitgebundenen Trends (wie die Einsen), sondern in den zeitlosen Dingen: rituelle Ereignisse, wie Hochzeiten, als mythische Erfahrungen. Wang ist zu einem Symbol von etwas geworden, das größer ist als sie selbst. Die Journalistin Christiane Amanpour ist eine Zwei, in der man vor allem das Gesicht von Mut, Hingabe und Ruhe sieht. Sie übermittelt die Nachrichten, aber sie lehrt auch, wer sie ist: furchtlos, scharf, als wäre sie für die Aufgabe, die sie angenommen hat, geboren.

Charmeurinnen (Einsen) sind kulturelle Barometer. Aber die Lehrerin – wie eine Zwei – hat die reifere Beziehung zur Zeit. Sie verändert die Menschen, indem sie die zyklische Tradition, das tiefere Wissen, die rituelle Erfahrung beschwört. Und so erweckt sie sie zum Neuen und versieht sie mit dem Alten oder dem Zeitlosen. Darüber spricht sie, und das lehrt sie. Sie entzieht sich selbst der Uhr, dem Neuen – aber nicht gänzlich. Sie wird immer noch mit einer Blume assoziiert, mit den vergehenden Illusionen und Schönheiten, wenn es auch eine mystische »farblose« Blume ist.

Die Zwei ist stiller als die Eins. Die Schauspielerin Judi Dench bewegt sich kaum auf der Bühne, ihr Merkmal ist eine konzentrierte Ruhe, die die Aufmerksamkeit der Zuschauer auf sie lenkt, ganz gleich, was anderswo auf der Bühne gerade vor sich geht. Diese Stille ist wie das Silber im Eis.

Zweien blühen nach einer dramatischen Abwendung von den jugendlichen Wegen auf. Sie sind quasi aus einer Zurückweisung der Jugend geschaffen – als würde ein heftiges Abwenden von der Jugend das Bekenntnis zur Reife stärker machen. Die Dichterin Elisabeth Barrett Browning war als junge Frau ans Bett gefesselt; sie war krank, schwach und ängstlich und wurde von ihrem tyrannischen Vater unterdrückt. Plötzlich erschien der Lyriker Robert Browning

an ihrem Bett, um ihr seine literarische Ehrerbietung ent-
gegenzubringen. Seine Liebe verwandelte sie – in einem
Ausbruch von Energie stand sie von ihrem Krankenlager
auf, heiratete ihn, unternahm mit ihm eine begeisternde
Reise nach Italien, wo sie arbeiteten, einen Sohn bekamen
und einander jahrelang liebten. Sie versuchte nicht, ihre
Jugend wiederzugewinnen. Sie verbannte sie und begrüßte
die Tatsache, dass sie in ihrem späteren Leben, in reiferen
Jahren, für die Unannehmlichkeiten ihrer Jugend entschä-
digt wurde.

Wegen dieser Umkehrung ist die Energie der Zwei
wahrscheinlich stärker als die der Eins. Zweien gewinnen
Energie daraus, das Festhalten an ihrer Jugend zu durchbrechen. Wenn eine Frau aus dem Kokon eines gewöhnlichen oder typischen Jobs ausbrechen will, um für ein Amt
zu kandidieren oder sich in irgendwelche institutionellen
Bereiche zu begeben, wie zum Beispiel Dirigent eines Orchesters zu werden oder Geschäftsführer einer Firma, dann
tut sie gut daran, sich selbst zu einer Lehrerin zu machen,
die von ihrer Mission gezeichnet ist, und zwar durch eine
Erscheinungsform, die sowohl mütterlich als auch liebevoll
ist.

Eine Zwei kann in fortschreitendem Alter gefährlich
verführerisch sein. Willa Cathers Heldin Myra Henshaw
hält ihren Kopf hoch wegen ihres Doppelkinns, und Colettes Lea knüpft eine Schnur mit Perlen um ihren immer
dicker werdenden Nacken. Zweien vermitteln den Eindruck, alt und jung zu sein – sie besitzen erotische Kräfte
mit einer ätherischen oder aus einer anderen Welt stam-
menden Präsenz. Die Dekorateurin Elsie de Wolfe war im
Alter von einundneunzig wunderschön: mit mädchen-

hafter Figur, in einem weißen Musselinkleid mit einer Kette von Saphiren um ihren Hals. Es fällt schwer, das Alter einer Zwei zu raten, weil sie sowohl Mütterlichkeit als auch Jugendlichkeit zeigt. Eine in der Gesellschaft von Texas bekannte Zwei-Frau beschloss im Alter von sechzig Jahren, wieder Röcke zu tragen, weil sie großartige Beine hatte. Die Blicke folgten ihr überallhin, und wenn sie sich herumdrehte und die Leute ihr Gesicht sahen, dann waren sie meist erstaunt – in diesem Moment legte sie ein breites demonstratives Lächeln auf.

Zweien sind Personen der Doppeldeutigkeit, Ironie und Ambivalenz, sie wirken zweiseitig, widersprüchlich und paradox, und zu den Menschen, in deren Leben sie auftauchen, haben sie eine Beziehung, die zugleich Abhängigkeit wie Unabhängigkeit beweist. Diese Formen von Stil und Kommunikation nehmen sie an und erhalten auf diese Weise mehr Spielraum, als wenn sie sich ausschließlich an die jugendliche Schönheit halten würden. Das gibt ihnen nicht nur Selbstvertrauen, sondern zieht auch andere Menschen an. Zweien gewinnen Energie und Attraktivität, wenn sie ihre Zweiseitigkeit ausspielen, indem sie zwei verschiedene Sichtweisen gleichzeitig pflegen. Elisabeth I. war eine höchst politische Zwei. Ihre Zweideutigkeit zum Thema Heirat ließ den ganzen Hof rätseln. Jackie Onassis bewegte sich zwischen jungem Mädchen und Kaiserin, zwischen Unschuld und Weltlichkeit. Im reifen Alter wurde sie eine Zwei. Sie ersetzte die rubinroten Chanelkostüme ihrer Jugend durch Kaschmirensembles in sanftem Grau und Schwarz – eine zurückhaltende, den Blick ablenkende Ikone und doch überall der Mittelpunkt der Aufmerksamkeit.

Zwar machen die anderen normalerweise keine Bemerkungen über die kühle und vielschichtige Schönheit der Zwei, doch ihre Phantasie ist dadurch mit Sicherheit erregt, weil diese Schönheit so eine einzigartige Kombination von Wirklichkeit und Wunschbild darstellt. Die Energie der Zwei ist stereoskopisch – gedoppelt –, was sie in ihrer bildlichen Präsenz größer und stärker wirken lässt. Die Schauspielerin Martha Stewart verkörpert am besten die reifste Figur von Shakespeare, Rosalind, die dem jungen Orlando die Liebe zu ihr beibringt. Martha lehrt einen Stil, der eine Art von besonnener Liebe zeigt. Die Figur, mit der sie oft verbunden wird, die ehrgeizige und rachelüsterne Lady Macbeth, passt nicht zu ihr. Marthas Energie ist schnoddrig, penetrant, eigensinnig – gleichzeitig wundervoll und schwierig. Zweien ist es egal, ob sie charmant sind, ihre Kratzbürstigkeit ist ihre Art von Charme. Lehrer und Perfektionisten halten es nicht unbedingt für erstrebenswert, bewundert und angehimmelt zu werden.

Condoleezza Rice und Hillary Clinton besitzen sehr viel von der Energie der Zwei. Sie stehen ganz klar für eine Absicht – wie die Blume ohne Farbe. Eine Mission ist wie die farblose Blume größer als derjenige, der sie verfolgt.

Zweien haben das Paradox von Wunsch und Loslassen besser im Griff als Einsen. Sie finden ihre Mitte in der Hingabe. Sie wollen nicht, dass andere sie nachahmen, so wie die Einsen das wünschen. Zweien haben jedoch einen großen Einflussbereich: Sie schaffen Philosophien oder Ansichten, in denen andere ihre eigene Identität finden. Zweien umgeben sich gern mit Menschen, die anders sind als sie. Und so können sie beeindruckende Netzwerke aufbauen. Ihre Anziehungskraft auf andere beginnt damit, dass sie den Blick ablenken.

Diana Vreeland, die legendäre Herausgeberin der *Vogue* in den 1960er Jahren, wurde von ihrer eigenen Mutter als hässlich bezeichnet. Sie begann als Eins (der Zustand, in dem die Leute einen entweder gut oder schlecht aussehend finden) und entwickelte sich zu einer Zwei. Sie wurde für ihre lustigen oder ironischen Meinungen zum Aussehen anderer bekannt, und so lenkte sie den Blick von sich ab. Sie veröffentlichte Erklärungen zur Mode, die in ihrem Fachgebiet und in der Gesellschaft tonangebend waren. Als wahre Zwei lehrte sie eine Idee von Schönheit, schlicht und mutig, und war dennoch erstaunlich weit entfernt davon: eine farblose Blume. Eine Idee von Schönheit ist mehr als nur ein Trend.

Auf diese Weise altern Zweien besser als Einsen. Von der Malerin Georgia O'Keeffe entstand 1961, als sie vierundsechzig Jahre alt und ihr Gesicht schon von Linien und Falten durchzogen war, ein viel faszinierenderes Porträt, als die Kamera vierzig Jahre zuvor von ihr eingefangen hatte. Ihr Gesicht offenbarte ein intimes Wissen um Einsamkeit und Standhaftigkeit und war besonnen und schön.

O'Keeffe war eine große Künstlerin, deren Präsenz sehr stark die Lehrerin vermuten ließ, die hinter ihrer Mission stand – und nicht davor. Sie hatte sehr eigenwillige Meinungen über andere – sie war Mentorin von Künstlern und Wohltäterin der Menschen in ihrer Wüstenkolonie. Ihre Sinne waren ganz wach und offen für die Fülle um sie herum, was ihre starke Persönlichkeit noch größer erscheinen ließ, als wäre sie eins mit der starken und einzigartigen Landschaft. Georgia fühlte und sah den Raum und wie er auf die Menschen wirkte, und sie ermöglichte anderen, das auch zu fühlen und zu sehen. Mit achtundsiebzig erweckte sie den Eindruck großer Stärke und Gewichtigkeit durch ihre eisenharte und kerzengerade Haltung. Ihre Kinnlinie blieb so scharf wie die Abiquiu-Klippen zwei Stunden von Albuquerque entfernt, wo sie sich in reifem Alter niederließ. Im mondänen Rahmen, wie zum Beispiel bei Vernissagen ihrer Ausstellungen, stach sie aus der Menge der Frauen in Juwelen und Abendkleidern heraus, indem sie ihren maßgeschneiderten schwarzen Anzug und nur ein klein wenig Silber am Hals trug. Zweien unterwerfen sich keinem Stil, sie benötigen nur eine Form von Aufmachung, um wahrgenommen zu werden.

Zweien neigen besonders dazu, dem »großen Mann« in ihnen Raum zu verschaffen. Als O'Keeffe neunundsechzig wurde, wiesen viele auf ihre starken »maskulinen« Eigenschaften hin: ihren vorantreibenden Ehrgeiz, das ungeheure Selbstbewusstsein (sie glaubte, wenn sie etwas wirklich hartnäckig wollte, dann würde sie es auch bekommen), ihren unbestechlichen Willen, die einschüchternde Präsenz und die völlige Hingabe an ihr Werk. Man sagte von ihr, sie besäße eine Schrotflinte und benutze sie auch. Ob das nun stimmt oder nicht, so vermittelte sie doch den Eindruck, dass ihre Kunst und damit auch sie selbst absolute Rechte genoss, und es schien ihr seltsam unbewusst zu sein, welche Verwüstung diese selbstbezogene Haltung in anderen anrichten konnte.

Zweien schaffen matriarchalische Räume mit leicht verträumter Atmosphäre, doch sie können grimmige Anführerinnen werden, die im Mittelpunkt eingeschlossen und vom Mittelpunkt besessen sind. Das schränkt sie ein.

Einsen verlassen sich auf organisierte Bühnen, die nicht von ihnen selbst geschaffen sind, die sie aber dennoch spiegeln. Zweien haben lieber noch einen Fuß in der von ihnen selbst geschaffenen Welt. Sie vergrößern nicht nur ihre Bühne – eine Nachrichtensendung im Fernsehen oder ein Zeitschriftenimperium –, sondern sie kreieren Institutionen nach ihrem eigenen Bild. Jackie Kennedy definierte die Präsidentschaft ihres Mannes neu, sein Haus war Camelot aus der Sage von König Artus, und sie wurde seine herrschaftliche Guinevra. O'Keeffe baute sich ein Zuhause in der Wüste, doch was diesem Ort über allen körperlichen Einsatz hinaus Seele verlieh, war, wie sie diese Wüstenlandschaft in ihren Gemälden einfing und überhöhte. Martha Stewarts Omnimedia ist eine Firma mit so vielen Verbindungen, dass es schwierig ist, ihre Grenzen, abgesehen von den Grenzen ihrer eigenen Interessen, zu überschauen.

Eine Lehrerin zu werden, Ambivalenz wertzuschätzen und einen Stil bekennend, aber letztendlich mit bescheidener Zurückhaltung zu pflegen – dadurch werden Zweien in ihrer gebietenden Macht stärker als Einsen. Zweien sind professionelle einsame Wölfe, sie schätzen die Privatheit auch im Mittelpunkt großer Netzwerke und Familien, die glauben, sie würden die am Angelpunkt befindlichen Zweien kennen.

Zweien können den Belastungen der Zeit besser entgegentreten als Einsen, doch nicht so gut oder so lange, wie sie sollten.

»Dreien«: Die Frau, die Stabilität ist

Symbol: Die rätselhafte Blume.
Taktik: Weiblicher Stoizismus.
Ursprung der Macht: Kunstvolle Schlichtheit.

Stellen Sie sich vor, der Schnee hätte Hunderte von Bergen bedeckt, bis auf einen. Das Außergewöhnliche, Einzigartige und Ungewöhnliche ist der Lebensraum der Dreien. Wo die Drei auftaucht, da beginnt bereits die andere Welt – das Geheimnis von Schöpfung und Zerstörung, von der Natur, dem ewigen Kreislauf von Geburt und Tod –, die Welt der gewöhnlichen Sinne zu erobern. Die »unergründliche Blume« ist das hochsymbolische Urbild der Reife. Und was ist eine unergründliche Blume anderes als ein Gefühl, eine symbolische Form, die nicht gelehrt werden kann – wie in der Welt der Zweien –, sondern die wachgerufen werden muss?

Dreien erziehen nicht einfach nur. Dreien verändern die Natur ihrer eigenen Wirklichkeit: Sie sind charmant, sie lehren, so wie Einsen und Zweien es tun, doch auf eine völlig eigene Art und Weise, und zwar indem sie andere in die Welt ihrer eigenen Ausdruckskraft einbinden. Zweien schaffen Visionen von einer goldenen Welt als etwas, das über die Realität hinausgeht. Eine Zwei würde zum Beispiel anderen etwas über die Bemühungen von Regierungen, Konflikte zu lösen, beibringen. Das ist eine Art Mission. Doch eine Drei, wie Emily Dickinson, die Dichterin und Einsiedlerin von Amherst, öffnete ihre Seele anderen, und indem sie das tat, zeigte sie ihnen etwas von ihrer Welt, ihrer Vision von Hoffnung, Verzweiflung und einer höheren Wirklichkeit. Dickinson war eine höchst zurückhaltende, aber dennoch machtvolle Präsenz für die wenigen Menschen, mit denen sie zusammentraf. Im Laufe ihres Lebens machte sie sich denjenigen bekannt, von denen sie das Gefühl hatte, dass sie die Tiefen ihres Daseins verstehen würden. In Kontakt zu Emily Dickinson zu stehen, mit ihrer Person und ihrem Werk, war, als würde man das Geheimnis des Universums und der Frau selbst wahrnehmen. Sie gehörte zwar für immer einer Welt an, die anderen verschlossen blieb, doch diese Welt wollte jeder gern betreten. Es machte ihre Freundschaften stark, dass sie aus dieser anderen Welt kam, denn die Verbindung zu ihr geschah auf eine tiefe, ehrliche und hingebungsvolle Weise, was wiederum Fähigkeit von Tiefe und Hingabe in den anderen hervorrief. Selbst Fremde, die mit Emily Dickinson korrespondierten, empfanden eine starke Nähe zu ihr: nicht etwa, weil die Dichterin ihnen Einblicke in ihr Leben ermöglicht hätte, sondern allein aufgrund ihrer Einsichten in das Leben überhaupt.

Dreien besitzen eine starke, aber nicht analytische Vorstellung von ihrer Persönlichkeit. Sie bekennen sich nicht, sondern wollen erkannt und verstanden sein, und nicht nur gesehen oder bemerkt. So betrachten sie bedingungslose Liebe als Tatsache, nicht nur als Wunsch. Wer sich in ihre Präsenz begibt, der hat das Gefühl, akzeptiert und nicht abgeurteilt zu werden.

Es gibt einen wichtigen Unterschied zwischen Zweien und Dreien. Eine Zwei wie O'Keeffe war Einzelgängerin und streitsüchtig in ihren Urteilen. Eine Drei wendet die Praxis des weiblichen Stoizismus an, eine Philosophie, die die Ansicht vertritt, dass äußere Ereignisse den Charakter oder die Reaktionen einer Person nicht beeinflussen sollten. Dreien bleiben immer dieselben, in guten wie in schlechten Zeiten, und sind grundsätzlich optimistisch. Selbst in den schlimmsten Engpässen betrachtet eine Drei sich als frei und glücklich. Sie praktiziert Widerstand durch Optimismus, in ihrem tiefsten Innern ist sie überzeugt, dass die Welt eine Komödie ist. Dies ist die Quelle der Anmut einer jeden Drei. Dreien halten immer ein Lachen bereit; auch Dickinson schrieb mit Witz und Ironie. Dreien kultivieren eine clowneske Art in ihrem Charakter und verlassen sich darauf, dass dies den anderen schon gefallen wird. Ein einzelner nackter Berg zwischen den majestätischen schneebedeckten Gipfeln ist ätherisch, aber auch ein wenig komisch. Charmeurinnen (Einsen) nehmen sich selbst ernst, Lehrerinnen (Zweien) nehmen ihre Ideen ernst. Anhängerinnen des weiblichen Stoizismus hingegen haben das Gefühl, alles sei eine göttliche Komödie und die Dinge leicht zu nehmen sei der beste Weg, sich zu einem ernstzunehmenden Mitglied eines gereiften Menschenschlags zu entwickeln.

Dreien sind vor allem wegen ihrer stoischen Sicht der Dinge ziemlich furchtlos. Einer Drei stößt niemals etwas Schreckliches zu, denn sie besitzt keine Kategorie, um schlecht von gut zu unterscheiden. Sie experimentiert mit Ideen und Beziehungen. Nichts wird als lächerlich abgetan.

Einsen zeigen intensive Gefühle des Schmerzes und der Freude und inspirieren Menschen dazu, ihre Reaktionen zu spiegeln. Zweien filtern ihre Reaktionen: Freude wird mit Trauer und Ambivalenz vermischt. Dreien hingegen reagieren kaum, wie immer die Umstände auch sind. Man weiß immer, was Einsen fühlen, bei Zweien kann man raten und wird immer halb richtigliegen. Aber wer sich in der Präsenz einer Drei befindet, der wird merken, wie sehr sie ihre Emotionen beherrscht.

Frauen, die mit besonderer Sensibilität ausgestattet sind, besitzen eine seltsame Schönheit. Diese überstrahlt nicht nur ihre Arbeit oder ihre Erscheinung, sondern ihr ganzes Sein. Wer die unergründliche Blume ist, der kann mehr als Bewunderung hervorrufen (wie Einsen bewundert werden) oder Sehnsüchte erzeugen (wie bei Zweien). Das absolute Merkmal für Dreien ist die Ergebenheit. Ihre Fähigkeit, beeinflusst zu werden und nicht nur andere zu beeinflussen, erlaubt es ihnen, eine gebietende Präsenz einzunehmen. Weil Dreien kein Problem damit haben, sich dem Schicksal zu ergeben, rufen sie bei anderen Ergebenheit hervor.

Colettes Erscheinung nannte einer ihrer jungen Liebhaber »eine Macht, deren Schock mir so süß war … Ich unterwarf mich diesem beschützenden Einfluss, den Colette mir mit ihrem ersten Blick versprach.«

Perfektion ist nicht wichtig, und Dreien versuchen nicht zu streng zu sein, was Fehler oder Unzulänglichkeiten des Äußeren angeht. Vielmehr erwarten sie, für diese Unebenheiten geliebt zu werden, und wenn das nicht geht, ist es auch egal. Colettes junger Liebhaber sah sie im Badeanzug, der an einem Körper saß, den man nach heutigem Standard fett nennen würde. Doch dicke Frauen wirken, wenn sie fit sind, im halbnackten Zustand oft viel erotischer als angezogen, und Colette war immer noch geschmeidig und wunderbar muskulös, mit venusartigen Brüsten und dem Bizeps eines Diskuswerfers.

Dreien lieben es, in Gedanken oder in ihrer Erscheinung nackt zu sein – ein nackter Berg in verschneiter Gegend. Sie sind großartig darin, sich selbst dem Schicksal und dem Lauf der Natur zu unterwerfen. Sie akzeptieren alles, das ist ein Aspekt ihrer Zuversicht. Sie verstecken sich nicht hinter Ambivalenz. Je mehr sie sich von jugendlicher Attraktivität entfernen, desto mehr lieben sie sich selbst, und diese Liebe ist ansteckend – wie schon von der Schriftstellerin und *Saloniste* des zwanzigsten Jahrhunderts Gertrude Stein gesagt wurde:

Gertrude Stein ist eine große Schönheit. Nein, nicht für mich, jedenfalls war sie das nicht zu Anfang. Doch bewegt sie sich, als sei sie ein Objekt der Begierde. Sie bewegt sich selbst, als ob sie das Objekt ihrer eigenen Begierde sei. Auf das Selbst gerichtete Lust macht abhängig. Ausgedehnte Darstellung macht alle in der Umgebung schwach und hilflos.

Steins Stimme passte zu ihrer Erscheinung. Ihr Werk gleicht dem einen nackten Berg, karg und fremd, eine ganz eigene Sprache und voller Witz: eine Rose ist eine Rose ist eine Rose.

Die mittelalterliche Königin Eleonore von Aquitanien war majestätisch und komisch. Sie verschwand aus dem Land, das sie als Königin neben ihrem untreuen Ehemann regierte, um in ihrer Heimatstadt Poitiers eine neue Art von Gesellschaft, einen Hof der Liebe, zu begründen. In ihrem Staat war Liebe das Gesetz. Verbrechen waren Verbrechen gegen die Liebe. Durch diese Umkehrung der Tradition ließ sie die kriegerischen Stämme Europas, die so ernsthaft um Territorien und Beute stritten, lächerlich erscheinen. Die Komödie lässt die sogenannte tragische

Realität hoffnungslos dumm wirken. Als eine unergründliche Blume war Eleonore der eine Berg ohne Schnee in einem schneebedeckten Land. Ihre Präsenz im Europa des zwölften Jahrhunderts verkehrte die Gesetze des Lebens. Ihr Hof der Liebe war ein Hof, der junge Leute anzog, die kein Teil von Besitz oder von Krieg werden wollten. Es waren die zweit- oder drittgeborenen Kinder, für die jedes Erbe unmöglich war. Eleonores Hof wurde so einflussreich wie die Einsiedelei von Emily Dickinson, wie der Salon von Gertrude Stein und das Hospiz St. Christopher's von Cicely Saunders: selbstgeschaffene Königreiche abseits der Norm.

Kleine Kreise bergen große Chancen. Dreien herrschen in kleinen Königreichen. Durch ihren zuverlässigen Optimismus und ihr Ziel, glücklich zu sein, verwandeln sie die dominierende Kultur mehr, als die Missionen oder Ideen es tun, die von den Zwei-Lehrerinnen verfolgt werden. Steins Salon wurde zu einem Mittelpunkt moderner Kunst und modernistischen Denkens. Die Quelle der Macht ist Freude, und das ist eine höchst subversive Strategie.

Die Sinnlichkeit der Drei ist sehr ausgeprägt. Dreien arrangieren sich besser mit harten Bedingungen als Einsen oder Zweien, und sie verwandeln Schmerz und Leiden in goldene Welten. Sie verwandeln Verlust in Gewinn − und mehr noch: in Freude.

Sie setzen sich nicht in der gleichen Weise für eine Sache ein, wie eine Zwei-Politikerin oder Lehrerin es zum Beispiel für eine bessere Gesundheitsversorgung tun würde. Dreien würzen ihre Reden nicht einfach nur mit Vorschlägen, wie man etwas verändern könnte − zum Beispiel mit der Idee einer Hospizbewegung −, sondern sie verstärken ihren Willen zur Veränderung, indem sie ihrer Mission die Sprache von Liebe, Gott, Leben, Hoffnung und Verzweiflung hinzufügen. Dreien beschwören eine Schönheit, die die Verzweiflung überflügelt: der Berg, der anders ist, aber Fülle bedeutet.

Die reife Florence Nightingale wirkte wie ein nackter Berg zwischen den schneebedeckten Hügeln aus Bettbezügen. Als sie sich in ihr Schlafzimmer zurückzog, wo sie die letzten zehn Jahre ihres Lebens verbrachte, von 1896 bis 1910 in ihrem Bett vergraben, sah man, als sie starb, nur ihren Kopf, der die Szene wie ein Orakel beherrschte, dessen dünner Rauch aus einem geheiligten Grabhügel aufsteigt. Das soll das Leiden, das ihren Rückzug verursachte, nicht verherrlichen. Doch Fotografien von Florence, wie sie zwischen den Betttüchern verschwindet und sich gleichzeitig Besuchern präsentiert, haben auch eine komische Komponente. War sie geistig abwesend oder sinnlich zugegen? Beides. Dreien besitzen eine sehr hintergründige Ironie, ihr Stil zerfällt nicht in große Gegensätze, wie das bei Zweien der Fall ist. Ihre Präsenz lässt eine Einzigartigkeit vermuten, in der unterschiedliche Eigenschaften gemeinsam existieren. Die berühmten und mächtigen Leute kamen in Scharen in dieses Zimmer zu Florence Nightingale, um von ihr über das Ausrotten von Krankheiten und ein verbessertes Gesundheitswesen zu lernen. Von diesem Zimmer aus entwarf sie das Abwassersystem von London, das Ausbildungswesen der Krankenschwestern und die Systematisierung medizinischer Berichte. Wäre Florence Nightingale mehr in das Leben in der Gesellschaft eingebunden gewesen, dann wäre sie wahrscheinlich an deren äußeren Rand verbannt worden.

Es verlieh ihr Macht, dass sie an der Peripherie der Gesellschaft ihr eigenes Zentrum eingerichtet hatte – so wie es die Mona Lisa in ihrem Raum im Louvre auch tut. Beatrice richtete aus dem Paradies ihre Worte an Dante, Karen Blixen sprach aus Afrika: eine abgelegene Welt, und doch ein Teil der Macht.

Eine Zwei kann eine Drei werden, wenn ihr Leben sich verändert und Verluste ihr Bild verzerren. Barbara Jordan, die eine großartige Karriere im Senat durchlief, war in ihrer Präsenz eine Zwei. Als sie ihren Sitz im Alter von dreiundvierzig Jahren aufgab, zeigte sie mehr die typischen Züge einer Drei. Als Senatorin war sie ein Symbol für moralische Energie, ihre Rhetorik war eine Kombination aus Bessie Smith und Winston Churchill. Doch als Senatorin im Ruhestand war sie kompromisslos, die Entfernung von der konventionellen Macht verlieh ihr neue Würde und Anmut. Hochgeschätzte Anwälte aus Texas, die Juristen werden wollten, pilgerten zu ihrem Büro, wo sie – jetzt in ihren Fünfzigern – Gespräche mit ihnen führte, bei denen sie sich die wichtigste Frage immer bis zum Schluss aufbewahrte: »Wenn die Gouverneurin Ann Richards Sie berufen würde, was wären Sie ihr dann schuldig?« Die meisten Kandidaten nahmen an, Jordan würde als Antwort von ihnen erwarten, sie würden der Gouverneurin große Loyalität oder die Unterstützung bei einer Wahlkampagne schuldig sein. Doch für Jordan gab es nur eine einzige richtige Antwort: »Ich bin der Gouverneurin nichts schuldig. Meine Verpflichtung habe ich gegenüber den Bürgern von Texas.« Ihr Sinn für Humor und Freiheit war es, der die Luftblase der Ernsthaftigkeit anderer zum Zerplatzen brachte, und so regte sie die Menschen an, sich selbst auch als Ausnahmepersonen zu sehen, als den einen nackten und unabhängigen Berg. Demütige Einzigartigkeit macht die betörende Energie der Drei aus.

Es kann sein, dass eine Drei, wie es bei Jordan der Fall war, ihren Job und ihre Gesundheit verliert. Eine Drei wird umso mehr kämpfen, je mehr sie eingeschränkt wird, und so werden ihr Einfluss und ihre Macht immer größer werden. Die Verluste von Dreien sind keine Katastrophen, sondern eher Mechanismen der Konzentration auf einen Mittelpunkt, um ihnen dabei zu helfen, auf einer spirituellen Ebene wie ein nackter und einzigartiger Berg dazustehen. Ein kleiner Junge brachte Jordan einmal eine Bibel zum Signieren. Als sie gefragt wurde, warum, sagte sie: »Er muss gedacht haben, ich hätte sie geschrieben.«

Doch selbst der Zauber von Dreien hat seine Grenzen. Es gibt auf dem Weg zur machtvollen Präsenz reifer Kraft noch eine weitere Stufe zu erklimmen.

»Vieren«: Die Frau, die auf magische Weise überall ist

Symbol: Der Ort, wo die Sonne um Mitternacht hell scheint.
Taktik: Trickreiche Weiblichkeit.
Ursprung der Macht: Ergebenheit.

Vieren sind mehr als die Blume und mehr als der Berg, der ganze Blumenfelder trägt. Vieren sind selbst Voraussetzung für das Blühen, für die immer wiederkehrende Sonne und für die Erholung der kühlen Nacht. Ein Sprichwort sagt: Wenn es in Japan Mitternacht ist, scheint im Königreich

Silla in Südkorea die Sonne. Es wird als eine besonders hohe Form von Geist und Persona angesehen, einen Ort beschwören zu können, von dem man doch körperlich weit weg ist. Wer Silla sehen kann und doch Welten davon entfernt ist, verfügt über Geist und Präsenz, die keine Grenzen kennen. Menschen mit der Energie der Vier wird die Fähigkeit zugesprochen, an zwei Orten gleichzeitig sein zu können. Vielleicht lacht eine Vier bei einer Meditation über ein Gemälde, das unfreiwillig sexy wirkt. Vielleicht wird sie bei einem Abendessen in New York von Wut über den Hunger in Südafrika gepackt, oder sie fühlt trotz bester eigener Gesundheit die Qualen der Kranken und Sterbenden. Vieren sind vielgestaltig, was man auf Fotos sehen kann: Eine Vier wirkt auf verschiedenen Bildern völlig unterschiedlich. Das ist ein Ausdruck ihrer Offenheit gegenüber der Wandelbarkeit des Lebens, wo man nicht nur in Beziehung zu einem ausgedehnten Kreis von Familie, Freunden und Mitreisenden steht: Da Zeit und Raum Illusionen sind, hat man selbst auch immer teil an der Vielfalt menschlicher Zustände.

Vier ist eine Geisteshaltung. Reife Macht erhebt sich von Zeit zu Zeit in den Zustand der Vier. Nur wenige Frauen tragen die Energie der Vier in sich.

Eine Frau, die den Gipfel ihrer symbolischen Schönheit erreicht hat, wird gelegentlich als Quelle des Lichts beschrieben. So stellt sich ihre körperliche Form anderen dar. Vieren sind strahlend. Martha Gellhorn, Kriegsberichterstatterin und Ehefrau von Ernest Hemingway, die einzige seiner Ehefrauen, die gegen sein schmähliches Verhalten anging, sagte von Eleanor Roosevelt: »Sie strahlte Licht ab. Besser kann ich es nicht erklären. Wir alle kennen solche Menschen, die fast pathologisch bescheiden sind, aber dafür leben, nützlich zu sein, und die deswegen sehr mutig sind.« Nach Eleanors Tod schrieb Gellhorn: »Ich empfand sie immer als so außergewöhnlich, dass es dafür gar keine Worte gibt: noch mehr als eine Heilige, eine Heilige, die selbst die Erfahrungen alltäglichen Lebens machte, eine absolut furchtlose und selbstlose Frau, deren Herz niemals falsch lag.« Diese Selbstlosigkeit scheint körperliche Grenzen überschritten zu haben.

In der Gegenwart einer Vier bleibt die Zeit für eine Weile stehen. Vieren sind wie Trickbetrüger, die vorzugsweise die Kreuzwege des Lebens aufsuchen. Sie tauchen an den Wendepunkten im Leben der Menschen auf und neigen dazu, das Leben derer, die in Kontakt mit ihnen kommen, zu verändern, ganz gleich, wie kurz diese Begegnung ist. Vieren haben eine Begabung dafür, Wege zu finden, wie sie für viele Menschen Bedeutung haben. Zweien erfahren selbst Veränderungen oder Verwandlungen. Vieren veranlassen sie in anderen.

Die Logik der Macht der Vier kann so dargestellt werden: Ein Widerspruch in Raum-Zeit ist kein Widerspruch mehr, wenn er von einer höheren, alles vereinigenden Perspektive aus betrachtet wird. Eine Frau mit ruhiger und aufmerksamer Autorität verhilft anderen dazu, sich eine solche vereinigende Welt vorzustellen, eine Welt höherer Wirklichkeit, die hinter unseren gewöhnlichen Sinnen verborgen ist. Beim Anblick dieser Welt überkommt uns ein Gefühl der Strenge. Vieren haben etwas Strenges an sich: Auch wenn sie viel Reichtum oder Ruhm oder eine feste Überzeugung besitzen, zeigen sie es nicht. Stattdessen umgibt sie eine Form der Majestät. Lichterfüllt, vielgestaltig, zutiefst bewegend und unvergesslich – dieses sind Eigenschaften der Vier.

Die Einsen verlangen nach Anbetung, die Zweien nach Bewunderung, die Dreien bedienen sich ihrer Künste und die Vieren der Magie. Daran sehen wir, dass die Stärke der Emotionen immer mehr nachlässt, die Emotionen selbst aber immer intensiver werden.

Vieren sind oft selbst wie Kunstwerke. Die Mona Lisa wohnt im Louvre in Paris, doch in ihrer Gegenwart hat man das Gefühl, in das Florenz des sechzehnten Jahrhunderts versetzt zu werden und das Geheimnis zeitloser, unsterblicher Kunst zu begreifen. Man steht vor einem großen Kunstwerk und vergisst sich selbst, vergisst sogar, dass man atmet. Für Vieren existieren Zeit und Raum nicht … sie beherrschen die Kunst der gegenläufigen Zeit, und Raum ist für sie etwas Mannigfaltiges.

Eine Frau, die im Besitz der Vier-Ebene der Schönheit ist, hat eine Kraft, die der Kraft der Zeit gleicht. Ihre Reife hängt nicht von ihrer Persönlichkeit oder Individualität, ihrer Schönheit oder der Hingabe zu lehren ab. Denn die Schönheit der Vier enthält alles: die strahlende Schönheit der Eins, die ganze Doppeldeutigkeit der Zwei, den eleganten Stoizismus der Drei und dazu noch die selbstlose und nicht egozentrische Schönheit der Vier.

Eine ruhige und stoische Drei kann einen schrecklichen Verlust erfahren, ohne die Schmerzen oder die Schläge an andere weiterzugeben. Eine Vier kann Dunkelheit – Traurigkeit, Verlust, Melancholie – erleben und wird dennoch die Helligkeit einer entfernten Welt reflektieren. Wie ist das möglich? Sie bewahrt die Vision von Licht in der Dunkelheit. Dreien spüren inmitten von Veränderungen, die von außen kommen, dass sich für sie nichts ändert. Aber eine Vier weiß, dass Zeit und Raum nicht existieren. Für eine Vier wiederholt sich alles, aber nichts verändert sich. Das ist ihre heilende Kraft. Ihr Beispiel befreit andere von selbst auferlegten Grenzen, die entstehen, wenn Routinen oder Erwartungen immer wiederholt werden. Eine Drei gewinnt Macht, indem sie von der Norm entfernt lebt. Eine Vier ist immer im Mittelpunkt des Netzes und gleichzeitig völlig frei.

So ist es auch mit den trickreichen Frauen. Sie verhexen andere. Die Dame Rokujo, Schlüsselfigur in *Das Buch Genji*, eine der bekanntesten mittelalterlichen Erzählungen von Liebe und Macht, ist eine ältere Frau, in die sich der junge, gutaussehende Prinz Genji rettungslos verliebt. Rokujos Liebe zu Genji ist so stark, dass bereits ihre Stimme Macht über ihn hat. Er hört sie, wenn er mit seiner jungen Ehefrau schläft. Schon bald ergreift Rokujos Stimme Besitz von der jungen Ehefrau, und ihre Präsenz löst die Seelen auch aus seinen anderen Frauen. Wenn Genji seine Ehefrau anschaut, ist es das Gesicht von Dame Rokujo, das er sieht, und er findet keine Ruhe mehr. Eine trickreiche Vier stört andere, sie droht sie aus ihrem Alltag zu reißen und den Kreislauf irgendwelcher Routinen, in denen sie stecken mögen, zu durchbrechen und ihnen eine Welt zu zeigen, die so fremd und magisch ist wie ihre eigene. Eine Schönheit von penetrierender Kraft erzeugt eine tiefe Wirkung. So kann eine reife Vier-Frau andere schwanger machen.

Eine Philosophin des zwanzigsten Jahrhunderts, Ayn Rand, war eine reale Dame Rokujo. Sie ist die beeindruckende Autorin der Bücher *Der Ursprung* und *Wer ist John Galt?*. Rands Schriften begründeten eine neue Art politischer und kultureller Leitfiguren. Unter Rands Anhängern finden sich der brillante ehemalige Geschäftsführer der Zentralbank Alan Greenspan sowie zahllose Unternehmer, deren Betriebe auf der Rangliste der umsatzstärksten amerikanischen Unternehmen, Fortune 500, stehen. Sie alle begeisterten sich für Rands Ideen zum freien Markt. Im Alter von fünfzig Jahren übertrug Rand ihr eigenes Gesicht auf Barbara, die vierundzwanzigjährige junge Ehefrau von Nathaniel Branden, und ergriff von diesem Mann Besitz, wie es die Dame Rokujo mit dem Prinzen Genji tat. Ayn verführte den jungen Brandon nicht etwa in einem schwachen Moment seines Lebens, sondern knapp ein Jahr nach seiner Hochzeitsreise mit seiner wunderschönen Braut. Ayn besaß echte Vier-Kraft.

Was eine Vier sich nur vorstellt, wird für andere zur Wirklichkeit. Das klingt so, als hätten die Vieren einen Pakt mit dem Teufel geschlossen, doch tatsächlich stehen sie in Verbindung mit den Kräften der Schöpfung.

Wie die Dame Rokujo scheinen Vieren ihr eigenes Schicksal zu kreieren. Vier-Ärztinnen sagen, sie hätten eine »weiße Wolke« über ihrem Kopf, so dass sie während ihrer Schichten weniger Notfälle hätten. Vielleicht bemerken sie die schwere Arbeit auch nicht so, oder sie verwenden keine Energie darauf, dieser Arbeit aus dem Weg zu gehen.

Als sie auf die Stufe der Vier wechselte, stellte sich Colette einen jungen Mann vor, der sich in eine ältere Frau wie sie verliebte, und schrieb über ihn. Sie nannte ihn Cheri. Binnen eines Jahres begegnete Colette dem wirklichen Cheri: Bertrand de Jouvenal. Hätte sie wohl ihren jungen Liebhaber leibhaftig kennengelernt – die Sonne in der mitternächtlichen Welt ihrer inspirationslosen Ehe –, wenn sie sich nicht Cheri vorgestellt hätte? Und als sich diese Beziehung erotisch auflöste und in dauerhafte Anbetung Colettes durch den Jungen verwandelte, da wartete auf sie die Ehe mit einem hingebungsvollen jungen Mann, der bereits mit vierzehn Jahren ihre Erzählungen gelesen hatte.

Solche Frauen scheinen überall gleichzeitig zu sein. Wie eine Zauberin schien Eleanor Roosevelt in drei Zeitzonen gleichzeitig zu arbeiten. Sie bewegte sich mit Tempo, aber auch mit Leichtigkeit von Problem zu Problem, die sie in der völligen Zuversicht, dass sich zu allem eine Lösung finden würde, anpackte. Die Zeit schien unter ihrem Blick zu schmelzen. Und wenn die Zeit schmilzt, dann ist auch mit dem Raum besser umzugehen. So war es bei Colette, die jung und alt schien und die in jedem Alter Kraft für den Ausdruck ihres Selbst besaß.

Eine Vier vollendet ihren großen Plan, indem sie sich Licht in der Dunkelheit vorstellt – nicht das eine oder das andere, sondern beides. Mutter Teresa küsste Leprakranke, weil sie das Licht der Gnade in ihren von Narben zerfurchten Gesichtern sah. Die Philosophin Hannah Arendt war nach ihrem intensiven Studium der furchtbaren Folgen der Nazizeit auf die Juden in ganz Europa dankbar, dass der Holocaust nicht überall aufkam. Ein solcher Gipfel der Reife ist zeitlos und alterslos.

Auf dem Höhepunkt ihrer Entwicklung tun die Trickreichen etwas Unerwartetes: Sie steigen die Leiter der Autorität *herab*. Da sie ohne Grenzen sind, können Vieren alle Gesichter tragen. Sie gehen, wenn nötig, sogar unter die Ebene der Einsen zurück, um das Verhalten einer Fürstin anzunehmen, was bedeutet, dass sie die Fähigkeiten des

Kämpfens und des Willens (nicht das reife Unterwerfen), des Streitens und des Widerstands wiederbeleben. Das Verhalten der Fürstin ist für die reife Frau unwiderstehlich, wenn sie mit der Fülle der Vier vermittelt werden.

Silke Maier-Witt war eine berüchtigte junge Radikale in der Baader-Meinhof-Gruppe, die es sich in den 1960er Jahren zum Ziel gemacht hatte, den vermeintlich »bösen« Kapitalismus zu entlarven, indem sie Mitglieder der deutschen Wirtschaftselite ermordete. Als Kurierin für die Gruppe transportierte Maier-Witt bis zu ihrer Festnahme Waffen und geheime Botschaften durch Osteuropa. Als sie mit über fünfzig aus dem Gefängnis entlassen wurde, erneuerte sie ihr idealistisches und radikales Wesen und gab sich eine neue Aufgabe: Jetzt brachte sie den Witwen in den kriegszerstörten Dörfern des Kosovo Hilfe und Unterstützung, indem sie viele derselben Wege bereiste, die sie als junge Frau gefahren war, doch diesmal nicht, um Leid zu erzeugen, sondern um Aufruhr und Leiden zu verringern. Sie besucht heute regelmäßig Dörfer, wo die verbliebene Bevölkerung, meist Witwen, nach Arbeit und Hilfe hungert. Sie bringt ihnen beides: Sie zeigt ihnen, wie sie ihr Leben in die Hand nehmen können, indem sie kleine Firmen gründen (die Wandlungsfähigkeit einer Zwei) oder indem sie ihre eigene Vergangenheit ohne Ressentiments annehmen (die stoische Drei) – inklusive Anwendung von Fürstinnen-Taktiken, um die Trennung von Serben und Kroaten zu durchbrechen. Vieren, so kann man sagen, sind nicht nur als überirdische Wesen am meisten entfaltet. Sie sind es auch als die härtesten Generäle im Kampf mit der Zeit.

Maier-Witt spricht niemals über ihre Vergangenheit –

wie ein Bildnis schweigt sie. Aber ihre Vergangenheit hat sie eingeholt und wurde zum Stoff von Legenden im Kosovo. Wenn die Lage es erfordert, dann kehrt die Vier zu ihren Methoden der kriegerischen Fürstin zurück und kämpft dann auch.

Die verbleibenden sechs Taktiken konzentrieren sich mehr auf die Präsenz der reifen Frau und machen sie zu einer Person, die eine große Geschichte beschwört; nicht nur ihre eigene Lebensgeschichte, sondern den Mythos von Leben, Tod und Kontinuität.

Taktik Nummer 5

Liberal in den Gedanken, autokratisch im Auftreten,
nüchtern in den Worten, ungezügelt in den Taten:
Das ist das Rezept für die Führungsperson,
die wie ein Mädchen gehorcht und
wie eine Frau dominiert.

Jugendliche Sexualität verhindert oft, dass man ernst genommen wird, und oft wird eine Frau erst in den Jahren nach ihrem Fünfundvierzigsten für das gesehen, gehört und geschätzt, was sie wirklich ist. Manch einer glaubt, eine Frau würde erst einen Gipfelpunkt, wie zum Beispiel das Präsidentenamt der Vereinigten Staaten, erreichen können, wenn sie ein Alter jenseits der erotischen Anziehungskraft erreicht hat. Merken Sie sich: Ein solches Alter gibt es nicht. Eine Frau ist niemals jenseits erotischer Anziehungskraft, sie wird mit zunehmendem Alter lediglich anregender oder gefährlich weiblicher. Oder mit anderen Worten: Man braucht keine weiblichen Tricks, wenn man selbst ein weiblicher Trick ist, nämlich wenn man in die Rolle »Frau« hineingewachsen ist.

Leonardo da Vinci zeigt dies in seiner unsterblichen Frau: Die Mona Lisa strahlt eine Abwesenheit von allgemeiner Sinnlichkeit aus, die einen innehalten und schaudern lässt, als würde eine plötzliche Brise kalter Luft durch ein schönes Gebäude ziehen. Ihr Lächeln hat etwas Weltliches, sie wirkt beobachtend und selbstzufrieden. Die Liebe, die sie birgt, ist warm und kalt, eine Art Eros, der für die Frauen neu ist und den sie im reifen Alter viel nachhaltiger empfinden als in der Jugend. Jugendliche Sexualität endet nur in der Hinsicht, dass sie in die reife Sexualität übergeht, die nicht zerstreut und viel überzeugender ist als alle Fähigkeiten der Jugend.

Dies ist das vierte Gesetz der gegenläufigen Zeit:

Nur eine reife Frau kann einen Menschen voll und ganz oder verwandelnd lieben.

Wenn sie diesen besonnenen Eros zutage treten lässt, wird eine Frau ganz, stark und äußerst souverän in der von ihr auserwählten weiblichen Domäne, und sie verachtet die Frivolität und die Sklaverei der Liebe. Im Alter wird man Mensch und Frau gleichzeitig.

Eine Frau von reifer Macht überträgt ihre erotische Natur in eine auserlesen ursprüngliche Kraft. Sie verbindet die Schwäche der jungen Frau für Bekenntnis und Beziehung mit dem Genius der älteren Frau für Dominanz. Unersättlich und gleichzeitig skeptisch, wird sie zu einer Quelle von Wärme, Fülle, Schönheit und Freude. Sie braucht weder ein großes Herz noch einen großen Geist, sondern nur gute Nerven, für alles offene Sinne und eine magische Stimme. So bildet sie eine erotische Galaxie aus Mutter, Geliebter und Kind und verteidigt sich so dagegen, unsichtbar oder missachtet zu werden, und das macht sie so attraktiv.

Der Chronist mythischer Führungspersonen, T. H. White, bemerkte, es sei die Leidenschaft der Mutter, nicht die der Geliebten, die zu fesseln vermag. Nicht Julia, sondern Iokaste okkupiert das Innere. Gertrude ist es, die Hamlet antreibt, nicht die verrückte Ophelia. Jedes flirtende Mädchen kann ein Herz gewinnen. Aber nur der Frau, die die Figur der Mutter in sich trägt, gibt sich der Mann hin. Und nicht nur der Mann, sondern Frauen, Kinder und viele Menschen.

Bei einer älteren Frau werden alle Bewunderer wieder jung. Sie werden wie Kinder, und das ist unser Geschenk an sie. Gemeinsam mit uns dürfen sie aus der Zeit treten. Als Verkörperung des besonnenen Eros werden wir nicht ihre Kinder austragen – wir tragen ihre Jugend. Wir verschaffen ihnen Zugang zu einer neuen Welt.

Es gab mehr Menschen, die, als Margaret Mead am mächtigsten war, auf ihrem Schoß sitzen wollten, als dass sie in erotischer Weise an sie dachten. Die Anthropologin hatte Berühmtheit erlangt, und zwar nicht nur, weil sie eine große Denkerin war, sondern weil sie so offen für alles und jeden war. Die Menschen reagierten auf ihre Energie, ihre Fähigkeit, das Beste aus allem zu machen, das ihr begegnete – Wirbelstürme, Vulkane und sogar der Tod. Sie fühlten sich von Meads großer Umarmung beschützt, als wäre sie das fleischgewordene Pendant der Madonnenbilder, deren lange Arme ganze Menschenmengen umarmten und an ihren Busen zogen.

Reife bedeutet Heilen, wenn man anderen das Gefühl verschafft, dass sie wieder bemuttert werden; es symbolisiert den Akt der Regression und den kraftvollen Akt psychologischen Inzests. Deshalb war der Sonnenkönig so glücklich, wenn er in den Armen der Madame de Maintenon lag. Das ist es, was Karen Blixen und Ayn Rand ihren jungen Geliebten und auch ihren Bewunderern gaben, das ist es, was starke Politikerinnen ihren Wählern versprechen: Sie werden ihnen einen Weg aufzeigen, auf dem sie zu ihren Ursprüngen zurückkehren können, in ihre Kindheit, wo nichts unmöglich war.

Die Definition von Reife ist: die Vielfalt der Formen, in denen einem die Liebe begegnen kann, zu erkennen. Besonnener Eros ist eine der stärksten darunter und gleichzeitig die am wenigsten erforschte.

Seit Urzeiten sind sich Männer sicher, dass sie ihre Mütter heiraten würden, wenn diese ein Lifting bekämen und ihnen Kinder gebären könnten. In der ganzen Welt gibt es Märchen, in denen eine Schwiegermutter die abgelegte Haut eines jungen Mädchens findet, sie anlegt, und als ihr Schwiegersohn von der Jagd zurückkehrt, schläft er mit ihr und verbannt seine junge Ehefrau.

Wenn Mütter ihre Haut abnehmen (»liften«) könnten, dann würden die Söhne ihre Mütter heiraten wollen – deshalb müssen die Mütter sterben oder sich wegbegeben. Sie müssen sterben, weil reife Frauen fähig sind, in Knaben, Männern, Frauen und auch in Gruppen von Menschen die Sehnsucht nach einem Erlebnis zu wecken, das tiefer und reicher ist als die Fortpflanzung.

Eine junge Frau kann niemals verstehen, wie sehr das tiefste Sehnen eines Menschen nicht nur ist, warm, glücklich und satt oder sogar *eins* zu sein, wie im sexuellen Akt. Das tiefste Sehnen eines Menschen ist vielmehr, *zwei* gegen die Welt zu sein, wie das Kind auf dem Arm der Mutter.

Werden reife Gefühle mit Sehnsucht – Eros – verknüpft, dann entstehen regressive und erneuernde Eigenschaften. Das »Kind« lässt sich einerseits in die Fürsorge fallen, andererseits wird es angeregt, sich auf seine eigene Reife hin zu entwickeln.

Hier wird etwas umgekehrt, der Zeit wird eine Auszeit erteilt. Georgia O'Keeffe entschloss sich, für den jungen Keramiker Juan Hamilton das zu tun, was ihr viel älterer Ehemann Alfred Stieglitz für sie getan hatte, als sie jung war: zu lehren, zu inspirieren und ihm zu helfen, sich eine Karriere aufzubauen. Juan war auf die Ghost Ranch gekommen, um bei schwierigen Arbeiten zu helfen, und er blieb bei O'Keeffe für den Rest ihres Lebens, bis zu ihrem Tod im Alter von achtundneunzig Jahren.

Als die beiden sich kennenlernten, war sie sechsundachtzig und Juan achtundzwanzig. In seiner Gegenwart wurde sie sanfter und weiblicher als je zuvor in ihrem langen Leben. Sie begann, Farben zu tragen – Türkis, Maronenbraun, Dunkelgrün. Ihre Beziehung hatte viele Aspekte, sie vereinte Mann-Frau, Mutter-Kind und Künstlerin-Künstler. Juan war der Sohn, den sie niemals hatte, und der Geliebte, dessen zu bedürfen sie nicht zuließ. Was er wirklich bräuchte, so stellte Juan Hamilton fest, wäre eine dreiundzwanzig Jahre alte Georgia O'Keeffe.

Dies ist eines der ältesten Geheimnisse der reifen Zeit. Die Dichterin des antiken Griechenland, Sappho, identifizierte sich in ihrer Jugend mit der Figur der alten Frau. Hierzu inspirierte sie die Geschichte von der Göttin Aphrodite, die sich als alte Frau verkleidet über einen Fluss fahren lässt. Auf der anderen Seite verwandelt sich Aphrodite in die schöne junge Göttin zurück, die auch ihren

Bootsmann an Schönheit und Jugend teilhaben lässt. Aber die alte Frau war der Köder. Es gibt Saiten des Herzens, die nur eine reife Person zu spielen vermag.

Sich durch besonnenen Eros zu verbinden bedeutet, weiblichen Stoizismus anzunehmen, nicht die Kunst der Verführung

Versprechen Sie, ob offen oder indirekt, andre zu bemuttern, so wird Ihr Angebot gepackt werden wie von hungrigen Kindern.
Es gibt einfach nicht genug mütterliche Fürsorge in der Welt, nicht von Eltern, Freunden oder Institutionen. Gustave Flaubert gestand mit zweiundvierzig der neunundfünfzigjährigen George Sand, die als Schriftstellerin viel erfolgreicher war als er, dass er dringend versucht sei, sie »wie ein großes Kind« zu küssen. Die beiden versenkten sich auf einzigartige Weise in eine platonische Liebe oder in besonnenen Eros. Leidenschaftlich. Vollkommen. Gleichberechtigt. Nicht alle Beziehungen, die durch besonnenen Eros geknüpft sind, sind auch asexuell, doch ihre war es, und sie währte in großer Freundlichkeit, Fürsorge und Hingabe viele Jahrzehnte lang.

Scheuen Sie sich nicht, diese besonnene Erotik auszustrahlen. Sie entstammt einem zeitlosen Verständnis dafür, was andere in der Liebe wirklich brauchen. Es ist ein Zeichen von Reife, wenn wir an den Punkt kommen, wo man einander sowohl Mutter als auch Geliebte sein kann. Das ist der Verlust, den wir erleiden, dass wir, von sehr seltenen Situationen abgesehen, nicht ohne Widerspruch eine einzelne Person sowohl mütterlich als auch sinnlich lieben können. Besonnener Eros ist die reifste Form der Liebe, die man schenken und die man empfangen kann.

Schaffen Sie eine neue Form von Verbindung, um Ihre Macht zu festigen.

Die reife Frau bezeichnet Liebe und Sex als Subjekt und nicht als Effekt. Sie wird, mit anderen Worten, nicht darauf aus sein, eine sexuelle Reaktion zu geben, sondern sie macht Sex zu ihrem Thema.

Das ist das Eigentliche: andere dazu zu bringen, sich in Sie zu verlieben und sie in der Liebe zu unterrichten. Rand beharrte darauf, dass ihr junger Bewunderer ihr Liebhaber wurde. Erst dann, so sagte sie, würde das, was sie ihm über Freiheit beibrachte, auch wirklich grundehrlich sein können. Und tatsächlich war es ihre Lehre von Liebe und sexueller Freiheit, die ihren Liebhaber mehr anzog als der sexuelle Akt selbst.

Madame Juliette Récamier pflegte sich in ihrem Salon hinzulegen und über Liebe zu reden. Gertrude Stein versammelte Künstler um sich und sprach über Liebe. Cicely Saunders ermunterte die Sterbenden dazu, über Liebe zu sprechen und sie auch zu leben. Auf diese Weise hält die lindernde Besonnenheit den Eros auf Distanz. Politikerinnen, die von Liebe sprechen, gewinnen auf lange Sicht die meisten Wahlen. Sie werden dafür anerkannt, dass sie Gefühle äußern, über die zu sprechen die meisten männlichen Kollegen nicht mutig genug sind.

Wenden Sie die Sinne an, die Sie sonst im Berufsleben nur selten benutzen.

Margaret Mead sagte, die ideale Gesellschaft oder Gruppe würde aus Menschen bestehen, die in ihrer Jugend und wieder im Alter homosexuell seien und in der Mitte ihres Lebens heterosexuell. Die Bisexualität, so meinte sie, bedeute die Erweiterung unserer Erkenntnis und die Akzeptanz der menschlichen Möglichkeiten für geschlechtliche Liebe. Mead verliebte sich in die Seelen von Frauen und die Körper von Männern. Sie war im Geiste homosexuell, psychologisch gesehen bisexuell und körperlich heterosexuell. Sie wollte die Leute glauben lassen, dass sie viel mehr derlei Affären hätte, als eigentlich der Fall war. Sie sagte einmal, dass es in unserer Kultur gut sei, das Image der heiligen Hure zu haben. Das ist vor allem dann die Wahrheit, wenn eine Frau in der Öffentlichkeit, wo sie nach Frisur, Kleidung und Ehemann beurteilt wird, Macht zu erringen sucht. Ein Image zu erfinden, das allen drei Aspekten trotzt, wie die heilige Hure es tut, verleiht der Frau eine Stimme.

Als Ellen Johnson-Sirleaf 2006 die Präsidentschaft von Liberia antrat, war sie die erste demokratisch gewählte Frau an der Spitze eines afrikanischen Landes. Sie vertrieb Warlords, die durch ihre jahrelange Herrschaft das Land abgewirtschaftet und verwüstet hatten. Feinde wie Freunde begannen, sie »meine Mutter, meine Schwester« zu nennen. Sie selbst, in Harvard ausgebildete Wirtschaftswissenschaftlerin, bezeichnete sich als Technokratin. Doch in Liberia ist ihr Image auch mit einem leidenschaftlichen und in mancher Hinsicht fetischhaften Spiritualismus verbunden. Sie wird die Mutter von Liberia genannt. Man nennt sie aber auch die Eiserne Lady. Wenn sie einen Raum betritt, ist sie ganz in Brokatstoffe und glänzenden Schmuck gehüllt. Sie ist mütterliche Wärme und unerwartete Sexualität zugleich.

Vergessen Sie Kompromisse und Teilen. Die Zeiten sind vorbei.

Wenn Männer ein reifes Alter erlangen, dann hat sich ihre magische und gebietende Kraft abgenutzt, der Mann blockiert oder öffnet keine Türen mehr. Reife Frauen bitten nicht um das Paternalistische in Männern. Vielmehr ist es das Jungenhafte, das Männer für sie attraktiv macht.

Als Colette die Fünfzig überschritten hatte, zog sie junge Männer noch mehr an als in ihrer Jugend, und das lag zum großen Teil daran, dass sie ihren Liebhabern gegenüber sehr nachtragend und wie eine Mutter fordernd sein konnte. Eine Beleidigung, so sagte sie von sich, könne sie manchmal vergessen, aber niemals eine Freundlichkeit. Es war dieses »manchmal«, das wachsam sein ließ.

Die meisten Menschen wollen ihre verlorene Kindheit wiederherstellen. Denken Sie immer daran, dass Ihre Bewunderer und Liebhaber, und vor allem die jungen darunter, edle Personen sind, die nur zu gern von der Liebe regiert werden wollen. Faulheit, Passivität, Schwäche, Kindlichkeit und die Unfähigkeit, sich anzupassen, sind noble Revolten gegen die Modernität. Solche jungen Menschen schrecken vor der Idee zurück, in einer Welt zu leben, die nicht mehr von der Liebe regiert wird. Es gibt viele »junge Seelen«, die für immer in einer Art der Kindlichkeit gefangen sind, und sie werden Sie nur zu gern in Ihrer Sache unterstützen.

Goethe beendet seinen »Faust«, seine Erzählung von dem Suchenden, der alles ausprobiert, um am Ende dann zu folgendem Verständnis des Reichs der Mütter zu kommen: »Das Ewig-Weibliche zieht uns hinan.« Darin steckt das Versprechen an alle, ungelebtes Leben zu leben und sich so wiederherzustellen.

Erwarten Sie Ihre verlorenen Kinder. Seien Sie gewiss, dass die Macht des besonnenen Eros in anderen Sehnsucht wecken wird.

Fügen Sie dem mütterlichen, schwesterlichen, ehefraulichen Ton des »Wir haben es verboten« ein liebevolles »Wir erfreuen uns daran« hinzu. Wenn Sie das tun, werden Sie mehr Freude haben und teilen.

»Wir erfreuen uns daran« ist Ausdruck der Kräfte der Ritterlichkeit. Höflichkeit im Umgang mit dem Lehensmann vergrößert die Freude an der ungleichen Beziehung. Eine reife Frau kann, wenn sie will, einschüchternd wirken, weil sie im Denken und in ihrer Handlungsfähigkeit so ganz anders sein kann als die meisten andern. Doch sie kann die Ängste der anderen lösen, indem sie als Mutter-Schwester-Ehefrau agiert und sich bei anderen bedankt. Sie kann so tun, als würde sie die Verantwortung für etwas übernehmen, was schiefgeht. Mit dem halb ironischen Bekenntnis: »Oh, ich bin so eine dumme alte Frau«, erinnert sie dezent an ihre Sonderstellung, was in der reifen Beziehung als Einladung zu mehr Freude zu verstehen ist – und nicht zu weniger.

Um Freude zu erleben, muss eine Frau sich selbst nach allen Seiten empfänglicher für Freude machen.

Die Wandlung von der sich aufopfernden Jugendzeit zur Suche nach Freude und Vergnügen erfordert nicht den Willen oder Taten, sondern die Kultivierung von Ergebenheit und Verzicht. Ergebenheit ist eine Disziplin, und zwar die einzige, die einem Menschen die ganz ausgedehnte Liebe, eine fast religiöse Ekstase möglich macht.

Die Künste der Ergebenheit sind die besten Freundinnen der reifen Frau. Sie sollten nicht als Ausdruck von Unvollkommenheit oder Unterwerfung unter andere praktiziert werden, sondern als Hingabe an die Freude.

»Irgendwann erreicht eine Frau das Alter, in dem ihr nichts anderes mehr übrigbleibt, als ihr eigenes Selbst zu bereichern«, sagte Colette. Körperliche Freude kann die schlimmste Trauer überwinden helfen. Um besser im Erleben von Freude zu werden, muss man sich von dem romantischen Mythos der heißen und immerwährenden Liebe befreien und Freude in der besonnenen Liebe suchen. Frauen im reifen Alter empfinden endlich die Freiheit, so zu lieben, wie Männer es immer tun: zum Vergnügen.

Freude entsteht aus dem, was nicht gezügelt werden kann, was Grenzen sprengt und das Zentrum – das sichere, ungefährliche Zentrum – ins Nichts katapultiert. Sie entwurzelt die dominante oder traditionelle Struktur der Macht. Freude zu akzeptieren ist (mehr als erfreuen) eine heldenhafte Tat.

Wenn man der Freude nie müde wird, kann man auch mit achtzig oder neunzig noch gebietend wirken. »Zeig mir einen Dandy, und ich zeige dir einen Helden«, sagte

Baudelaire. »Wer glaubt schon, wenn er mich sieht und mein friedevoll hohes Alter in Betracht zieht, dass ich immer noch Exzesse liebe?«, gestand George Sand Flaubert. Vom Alter von achtundvierzig Jahren an bis zu ihrem Tod mit einundsiebzig hatte sie zusätzlich zu ihrem platonischen Geliebten Flaubert ein halbes Dutzend lang anhaltender sexueller Affären mit jungen Liebhabern.

Louise Nevelson zog mit ihrem Talent für das Vergnügen viele Bewunderer an. Oft schloss sie lange Gespräche mit den Worten: »Wir hatten bisher ja schon eine wundervolle Zeit, aber ich glaube, dieses Jahr werden wir richtig Spaß haben.« Als Abschied sagte sie gern: »Sei sexy zu mir.« Und als Begrüßung konnte man hören: »Worte! Ist das alles, was du für mich hast?« In ihrer Rede hatte Spaß immer Vorrang.

»Mein Leben wird jeden Tag reicher«, erklärte Nevelson im Alter von achtzig Jahren die Verbindung von Vergnügen mit einem asketischen Arbeitsplan. Die Stunden, die sie in ihrem Studio verbrachte, waren für sie eine tägliche Wiedergeburt in einen erhöhten Status. An ihrem vierundachtzigsten Geburtstag sah sie strahlend und schön aus, wie uns ein Beobachter versichert. »Wenn du mal so alt bist wie ich«, sagte sie, »ist alles, was dir noch bleibt, dein Leben.«

Die Freude reifer Liebe hat wenig mit Lust zu tun, aber viel mit unmöglichen Zielen.

Heilige, sogenannte Asketen, sind die größten Vorbilder für reife Liebe. Sie sind Genießer des besonnenen Eros und vollziehen Praktiken des Entzückens, die eine bemerkenswerte Unterwerfung verlangen. Asketen wollen eine Freude, die intensiv und dauerhaft ist und den ganzen Körper umfasst. Sie sind von unmöglichen Zielen besessen. Sie wollen von Liebe überflutet werden. Sie verlangen nach einem Gefäß, in das sie sich hineingießen können. Die heilige Theresa, wie sie der Bildhauer Brunelleschi dargestellt hat, liegt zurückgelehnt und von einer Freude überflutet, die so spirituell ist, dass sie ihren ganzen Körper zu elektrifizieren scheint.

Denken Sie sich selbst also als Heilige: Asketisches Leben ist, historisch gesehen, nicht das Verneinen von Freude, sondern ein neues Benutzen von Freude. Es ist eine Art, für sich selbst zu sorgen, sich selbst zu überhöhen oder zu übertragen oder sich selbst zu überwinden, wie Nietzsche es nennt – also die gewöhnliche Vorstellung davon, was Freude ist und wo sie anfängt, hinter sich zu lassen.

Der unausgesprochene Pakt zwischen denen, die wie eine Mutter lieben, und ihren Geliebten ist, dass der »Elternteil« – die reife Person – für alles einsteht.

Wenn eine ältere Frau einem jüngeren Menschen ihre Liebe gesteht, dann ist diese Jugend im Begriff, verlorenzugehen. Man muss die Liebe einladen, sie zeigen oder ausdrücken und nähren, darf sie aber nicht erklären. Bertrand de Jouvenal war im Alter von siebzehn Jahren sehr in Colette verliebt, doch sie wartete, bis die Affäre fünf Jahre später fast vorüber war, ehe sie dem Jungen klar sagte, dass sie ihn liebte. Die Verbindung selbst muss unbewusst bleiben.

Diese jungen Geliebten und Bewunderer verhalten sich von Zeit zu Zeit wie verwöhnte Blagen und üble Hätschelkinder. Dann finden sie es schön zu hören, wenn ein Elternteil sich dafür selbst die Schuld gibt, wenn etwas schiefgeht, und vergessen auf diese Weise, wie sehr sie versklavt sind. Colettes Alter Ego Lea sagt zu ihrem jungen Geliebten Cheri: »Wenn ich wirklich besonnen gewesen wäre, dann hätte ich einen Mann aus dir gemacht und nicht nur an die Freuden deines Körpers und mein eigenes Glück gedacht. Mein Geliebter, ich trage an allem, was dir fehlt, die Schuld.« Fürchten Sie sich nicht davor, diejenige zu sein, die sich entschuldigt. Es ist ein Zeichen von Stärke und vergrößert die Verbindung, die Sie mit denen pflegen, die Bemutterung suchen.

Einer Wählergruppe oder einer Gemeinschaft gegenüber mütterlich zu sein verlangt, dass man die Seele des Verräters Brutus und den Charme der Geliebten Kleopatra hat.

Dies war die Taktik von Katharina der Großen, die zur Mutter Russlands wurde – eine Legende zu Lebzeiten, von unbestrittenem Status. Anders als Elisabeth I., interessierte sich die Zarin Katharina weniger für das brillante gesellschaftliche Dekor der Macht, sondern eher für ihr Innenleben, und dies brachte sie zu ihrem Regierungsstil des ' besonnenen Eros. Zu ihren Insignien der Macht machte Katharina eine Lampe und einen Besen. Sie saß unermüdlich über Berichte, Memoranden, diplomatische Korrespondenz und nationale Berechnungen gebeugt. Ihr Gefühl war, dass das Aktenstudium der verborgene, aber wichtigste Teil der Regierungsarbeit war. Wenn ihr niemand die Größe des Russlands, über das sie herrschte, sagen konnte, dann forderte sie eine Karte, um die Gebiete innerhalb ihrer Grenzen berechnen zu können. Es gab im Archiv des Senats aber keine solche Karte, deshalb gab sie mit einem Lächeln einem jungen Offizier fünf Rubel und sagte ihm, er sollte in der Akademie der Wissenschaften eine Karte kaufen. Sie ging in allem davon aus, dass sie über Kinder regierte, doch über Kinder, die sie respektierte.

Sie liebte die Fehler Russlands auch dann, als sie antrat, sie zu reformieren, zu betrügen oder gegen die Tradition anzugehen. Als Person, die der Klarheit huldigte, war Katharina sehr verlockt, die kindische Unordnung Russlands zu ordnen. Das Reich war in Dutzende von Richtungen auseinandergezogen, und alles beruhte auf Gesetzen, die einander oft widersprachen. Sie fand, die Russen seien großartige und schöne Menschen, und sie liebte sie wie ihre Kinder. Den Titel »Kleine Mutter« nahm sie ernst, und sie wollte für die Menschen eine Quelle der Wärme sein. Sie wirkte auch geistig befruchtend: Von frühester Jugend an hatte sie ihren Verstand an der Lektüre von Montesquieu und Voltaire geübt, und sie übertraf Geistesgrößen, die sie aufsuchten, mit Leichtigkeit, indem sie ihr ganzes Wissen in der Form eines Flirts anwendete.

Ihr ganzes Leben lang arbeitete Katharina an ihrer eigenen Legende. In den Jahren nach ihrem fünfundvierzigsten Geburtstag wusste sie genau, was sie wollte, und hatte auch das Auftreten, es zu bekommen. Die Menschen, die sie trafen, hatten die Erwartung, sie müsse genauso groß sein wie ihre Legende.

Schließlich fand sie eine Vaterfigur, die sie begleitete, doch nicht als Gleichrangiger, denn niemand reichte an die Macht der großen Mutter heran. Später in ihrem Leben verliebte sich Katharina zum ersten Mal, und zwar in den Zauberer Potjomkin, den seine Freunde »einäugig und reif riechend« nannten. Die beiden steckten ihre Kräfte in das Land, bis es zu einem großen Zarenreich wurde. Andere

Länder wurden erobert, Bedrohungen, wie die Türkei, beseitigt.

Die Menschen in ihrer Umgebung ermutigte Katharina zu tiefgehenden Gedanken und kindischen Verrücktheiten. Langeweile empfand sie als ansteckend, und nachdem sie fünfundvierzig geworden war, waren alle ihre Liebhaber jünger als sie. Außerdem waren sie sich nahezu identisch: Sie suchte den idealen Begleiter und ging davon aus, dass sie das Bild ihrer Seele nur in den »Armeen« von jungen Männern – sie nannte sie »Enkelsöhne« – widergespiegelt finden könnte, die sie liebte und die ihr Erbe weitertragen sollten.

Während ihrer Regierungszeit wuchs Katharina zu bedeutenderer Größe als ihre Nation. Sie war als kleine deutsche Prinzessin nach Russland gekommen und hatte nicht nur Russisch gelernt und die Religion gewechselt, sondern auch die Seele ihres neuen Landes angenommen. Sie wollte die Inkarnation von Russland sein, obwohl sie nicht einen Tropfen russischen Blutes in ihren Adern hatte. Das ist vielleicht ihre erstaunlichste Errungenschaft. Nach ihrem Tod nannte das Volk sie nicht Katharina die Große, sondern »kleine Mutter Katharina«.

Man kann das Wort »Liebe« nicht zu oft gebrauchen.
Die Liebe, von der wir sprechen, ist nicht die romantische Liebe, sondern eine Liebe, die so verinnerlicht ist wie Freundschaft. Sie gründet sich nicht auf Sehnsucht, sondern auf der Liebe zu dem, was man hat. Benutzen Sie das Wort »Liebe« oft in der Öffentlichkeit, im Privatleben, in der Politik und beim Vergnügen. Es auszusprechen bewirkt Liebe in anderen. Das Wort schafft einen sicheren Raum,

in dem Menschen sich den Wünschen und Zielen der anderen unterstellen können. Seien Sie so fesselnd wie möglich, bedenken Sie aber, dass es schwer sein wird, das Ergebnis von etwas – vor allem in der Liebe – zu beeinflussen. Sie sind keine Fürstin mehr, Sie sind eine Lehrerin und eine Stoikerin mit der Hoffnung, von außen gesehen so groß wie ein Land zu werden. Werden Sie deshalb nicht wütend, wenn ein Liebhaber sich ambivalent oder ablehnend verhält. Sie haben keine Kontrolle über das, was geschieht, und was immer geschieht, wird zu Ihrem Guten sein, selbst – und vor allem – dann, wenn damit ein Verlust einhergeht. Es geht hier darum, der Liebe ergeben zu sein, nicht einem Geliebten.

Fürstinnen haben gelernt, negativen Kräften zu widerstehen. Doch nur reife Führungspersonen können sich ihnen unterordnen, weil nur eine reife Frau weiß, wie viel Macht es verleiht, auf die Liebe zu setzen. Ergebenheit zu lernen ist eines der Wunder der Reife.

Taktik Nummer 6

Der Körper unterliegt den Gesetzen der Schwerkraft,
aber die Seele wird von Leichtigkeit regiert.
Loten Sie die Tiefen Ihres geheimnisvollen
Lächelns aus, denn das Lachen einer Frau
ist mächtiger als ihre Tränen.

*W*ie Jesus Christus und alle anderen erstaunlichen Menschen hat eine faszinierende Frau die Macht, schöne Dinge zu sagen, sowie die Macht, andere Menschen dazu zu bringen, schöne Dinge zu ihr zu sagen.

Madame de Lafayette wusste, dass man dazu die frechsten Kommentare auf die leichteste Weise nehmen und sie auch spielerisch darstellen musste. Man sollte alles als unterhaltsam ansehen und Angriffe in solcher Weise parieren. *Wenn man lächelt, dann schafft man wenigstens für eine Weile Gleichheit. Komplizen. Verbündete!* Denn nur Gleichgesinnte können miteinander lachen.

Ein Lächeln verbreitet Freude und verkleinert auf diese Weise die gegnerische Macht. Das Lächeln der Mona Lisa ist wie die Gesichter sehr alter Frauen: Sie lächeln wissend. Ein leichtes Lächeln ist durchaus eine ernstzunehmende Sache, denn es überwindet die Grenzen zeitgebundener

Gewohnheiten, Routinen und Vorurteile. Sehen Sie vom Mund der Mona Lisa weg, und dann werden Sie in ein ernstes Gesicht mit dunklen, suchenden Augen blicken. Sie flackern zwischen tiefdunkler Absicht und erstaunlicher Intelligenz – eine Kombination aus Ernst und Humor. Und es spielt eine Ahnung von herrschaftlichem Amüsement über ihr Gesicht.

Was für den Paten ein Kuss ist – vorm Traualtar bedeutet der Kuss »Ich besitze dich« –, das ist das Lächeln für die Urmutter. Das Lächeln besagt: Willkommen in meiner Welt, ich besitze einen Teil von dir, und zwar den besten.

Die Götter lachen immer. Wenn eine Frau lacht, dann tut sie etwas Göttliches, denn sie verwandelt die geplagte Welt in eine goldene Welt des Lachens. In solch einer Vision können keine unmöglichen Dinge geschehen, sie tun es aber doch. Wir wissen, dass ein junger Mann sich eigentlich nicht in eine ältere Frau verlieben kann, aber in der Komödie tut er genau das. Wir wissen, dass eine Frau, die als großer Mann auftritt, nicht die Wege der Politik verändern kann, doch wenn sie das Timing der Komödie anwendet, dann tut sie genau das. Wir wissen, dass Herbst Herbst ist und Frühling Frühling, doch in Komödien existieren beide Jahreszeiten in netten Landschaften nebeneinander. Dinge, die zu schön sind, um wahr zu sein, sind in der Komödien-Zeit wahr. Mit komischen Einsichten und komischem Timing können wir die Zeit verwandeln – und bedenken Sie, dass bei all diesen Beispielen die übliche Abfolge von Ereignissen umgekehrt wird. Traurigkeit und Tragödien entwickeln sich, wenn man Gefangene der Zeit ist, in Echtzeit, doch Komödien enden in einer goldenen Zeit, wo alle, wenn sie nicht gestorben sind, noch heute leben.

Wahres weibliches Heldentum birgt eine besondere Art des Heilens, indem es Menschen an den Punkt zurückführt, wo die Happyends beginnen. Im Alter liegt die größte Macht, die man hat, darin, eine komische Heldin zu werden und das geniale Timing großer Komödiantinnen anzuwenden. Nun verbindet man normalerweise Heldentum nicht mit Komik, sondern man geht davon aus, dass Heldinnen immer tragisch sind und in Tragödien auftauchen und tapfer ihre harten Lebensschicksale erdulden. Doch sind es die Elemente der Komödie, die die ultimative Geschichte der Heldin enthalten. Wie man in Hollywood sagt: Das Kind stirbt, aber am Ende ist es doch nur zum Guten der Welt. Denn wer ist dieser Held, wenn nicht Jesus oder Moses, der nach einer entbehrungsreichen Reise ins Heilige Land kommt? Die komische Heldin geleitet Menschen zu einer Vision des Paradieses, wo erst mal nichts mehr schiefgehen kann. Spirituelles Leben ist die süßeste Komödie von allen.

Um eine goldene Welt zu schaffen, muss man im reifen Alter ankommen, denn die reife Frau hat genug gesehen und kennt die Grenzen der rationalen Welt. Sie richtet ihren Glauben nun auf die geheimnisvolle persönliche Kraft, die gebieten kann. Natürlich geschehen Dinge: Menschen werden krank, sie gehen verloren, sie verdienen viel Geld und verlieren es wieder. Für die reife Frau sind dies aber Nicht-Ereignisse, denn sie denkt nicht in der Kategorie »Tragödie«. Sie weiß, dass tragische Heldinnen das Leiden benutzen, um stärker zu werden. Die komische Heldin hingegen lebt mit dem Leiden in Erwartung des Tages, an dem die Erlösung vom Leiden geschieht.

Die Götter schauen derweil auf die sterblichen Verrückheiten und lachen. Nehmen Sie einfach eine Weile unter ihnen Platz.

Das Lächeln und das Lachen kennen keine Hemmungen und keine Grenzen. In ihnen steckt die natürlichste Magie, die es gibt: sie stellen die Logik gerade so weit auf den Kopf, dass Wunder möglich werden. So bringen sie Gewalt zum Schweigen und brechen Widerstände.

Um diese goldene Welt zu schaffen, muss man Menschen von der Illusion zur Wirklichkeit bringen, von der Gewohnheit oder der rituellen Bindung in die Freiheit.

Ihr Mittel des Widerstands ist Optimismus

Fürstinnen sind sehr ernst. In der Mona-Lisa-Welt werden wir dagegen vom leichten Lächeln geleitet: es begegnet Bedrohungen mit Optimismus. Ein leichter Umgang verwehrt alle Schwere – denken Sie nur an die Kritik, die der First Lady Hillary Clinton entgegenschlug, als sie 1991, im Alter von fünfundvierzig Jahren, ein neues nationales Gesundheitssystem schaffen wollte. Der öffentliche Unmut ähnelte dem, der sich sechs Jahrzehnte zuvor gegen Eleanor Roosevelt wandte, als sie, gerade fünfzig geworden, ihrem Ehemann Präsident Franklin Delano Roosevelt so lange mit der Forderung einer Sozialversicherung in den Ohren lag, bis er diese schließlich im Jahre 1935 einrichtete. Männer verfolgen heute ähnliche Ziele und ernten dafür großen Applaus. Aber Frauen, die ungewöhnliche Meinungen vertreten, laufen Gefahr, ignoriert oder dafür angegriffen zu werden. Das dürfte schon reichen, um uns klarzumachen, dass die Biographien von Frauen nicht mit ihrer Geburt anfangen sollten, sondern mit dem Augenblick, in dem Mädchen begreifen, dass sie keine Jungen sind und also nicht einfach geradeheraus oder in Herzschmerz-Manier sagen dürfen, was sie denken. Das ist der Moment, in dem Frauen geboren werden. Bis die Öffentlichkeit endlich gewillt ist, von Frauen vorgetragene Botschaften anzuhören, muss eine andere Stimme tapfer in die Bresche springen. Eine Möglichkeit, die eigenen Botschaften rüberzubringen, ist, Lachen hervorzurufen.

Die dänische Schriftstellerin Karen Blixen ging mit Ende vierzig dazu über, ihre Arbeiten mit »Isak« zu signieren (verbunden mit ihrem Mädchennamen Dinesen). »Isak« bedeutet auf Hebräisch »die Lachende«. Isak war das Kind von Abraham und Sarah, das ihnen in hohem Alter geboren wurde – ein Wunder in der Menopause, ein göttlicher Witz. Die Verzweiflung darüber, ihre Farm in Afrika und ihren Geliebten verloren zu haben, machte Blixen zur Schriftstellerin. Sie versuchte, diesen Verlust als Scherz aufzufassen, und er schenkte ihr ein zweites Leben. So wurde der Satz »Gott beliebt zu scherzen« ihre Maxime im späteren Leben.

Folgen Sie dem Beispiel der Königinnen des Lachens

Frauen, die wir als seriös empfinden, sind oft durch ihre komische Ader und ihren Witz zum Status einer Ikone gelangt. Maureen Dowd, Kolumnistin der *New York Times,* fordert mit einem kleinen Lächeln die gesellschaftliche und politische Hierarchie heraus. Die erfolgreichsten

Schauspielerinnen haben mit der Komödie begonnen und sind dann zum Drama gewechselt: Katherine Hepburn, Reese Witherspoon, Julia Roberts und Mary Tyler Moore.

Gereifte Menschen in Machtpositionen sind am mutigsten, wenn sie Witz beweisen. So trug die ehemalige Außenministerin der USA, Madeleine Albright, bei Treffen mit hohen Diplomaten gern witzig-ironische Anstecker. Wenn sie ein hochrangiges Treffen mit einem Diplomaten aus einem Land hatte, in dem die geleistete Hilfe die arme Bevölkerung nicht erreichte, dann trug sie immer eine Daddy-Warbucks-Brosche mit dem Konterfei des Comichelden, Symbol eines großzügigen Mäzens. So wollte sie den unbefriedigenden Bericht des Diplomaten aufs Korn nehmen. Die bekannte Trendforscherin Faith Popcorn verkauft ultraseriöse Verkaufsumfragen in der Verkleidung eines Clowns mit Stoppelhaar, einem Comicnamen und mit schrägem Lächeln. Die Künstlerin Louise Bourgeois trägt ein Kleid mit vierzig Brüsten wie die Parodie auf eine antike Statue der Mutter Erde. Suze Orma vertreibt solide finanzielle Beratung mit dem typischen Lachen der Urkomödiantin Phyllis Diller. Emily Dickinson war vielleicht eine Einsiedlerin, aber vor allem ein witziger Kopf, die ihren Freund Thomas Wentworth Higginson neckte, indem sie ihn Meister nannte und ihn doch an der Leine hatte. Colette machte mit ihren jungen Anhängern Spiele. Joan Didion wurde im späteren Berufsleben eine seriöse Politikkommentatorin mit einer staubtrockenen Ironie in der Stimme.

Ergreifen Sie die Chance, bis an Ihr Lebensende glücklich zu sein.

Witzig und humorvoll zu sein beinhaltet auch die Chance, nach anfänglichem Durcheinander zu neuem Glück zurückfinden zu können. Diese Chance können Sie ergreifen und Ihren Frieden finden: Je ungeschützter Sie dem Schicksal gegenüberstehen, desto unverwundbarer sind Sie gegenüber seinen Traumata.

Colette lebte ihr Leben, als sei es eine Komödie und nicht eine Tragödie. Mit fünfzig begannen ihre glücklichsten Jahre. Mit zweiundfünfzig heiratete sie ihren zweiten Ehemann und schrieb ihre berühmtesten Bücher. Dieser Kick währte, bis sie sechzig war; da erreichten ihr Glück und ihr Ruhm einen Höhepunkt. Das Schreiben ging ihr leichter von der Hand als zuvor, und sie heiratete einen jungen Mann, der halb so alt war wie sie und sie aufs beste versorgte. Das ist komisches Heldentum.

Verwechseln Sie Humor nicht mit bloßem Lustigsein.

Eine lustige Person ist nur für eine Weile lustig. Aber eine Frau mit Witz und Verstand kann auf immer verzaubern. Lassen Sie ruhig ab und zu ein Lachen los; aber wenn Sie andere zum Schweigen und ins Staunen bringen wollen, dann müssen Sie das Mona-Lisa-Lächeln anwenden. Außerdem: Sagen Sie die Wahrheit, um Ihren Worten Nachdruck zu verleihen. Die Menschen wollen die Wahrheit hören, auch wenn sie Angst davor haben.

Besonnen und ruhig zu sein heißt, Humor zu haben.

Ein Sinn für Humor ist etwas sehr Verlässliches. Wenn Sie ein ernsthafter Mensch sind, ist das anders: jeden Moment können Sie in Tränen oder Vorwürfe ausbrechen. Das ist das Problem mit der Ernsthaftigkeit.

Richten Sie Ihren Witz auf sich selbst.

Die beste Waffe von wahrem Humor ist der achtsame Einsatz von Ironie und Selbstironie – wenn sie als Vergnügen empfunden werden. Nehmen Sie nicht andere aufs Korn, sondern richten Sie Ihren Witz auf sich selbst. Das wirkt vorbildhaft. Junge Leute versuchen immer ernsthaft und seriös zu wirken, vor allem wenn es um ihre Aussichten oder ihren Wert für ein Unternehmen geht. Im reiferen Alter lässt die Ernsthaftigkeit einen trocken und müde erscheinen.

Julia Child, die berühmte amerikanische Fernsehköchin, wurde in den fünfziger Jahren für die Familien zu einer Ikone, indem sie die Figur einer herausragenden Fernsehkomikerin kreierte, die nur noch von Carol Burnett und Lucille Ball übertroffen wurde. Julia Child war zwar eine ernstzunehmende Küchenchefin, aber ihre Art der Kommunikation war ausgesprochen humorvoll. So leerte sie, ohne mit der Wimper zu zucken, eine Flasche Cabernet in einen Schmortopf oder zerhackte ein Hühnchen wie ein Serienkiller kurz und klein. So beförderte die seriöse Frau die Kochkunst.

Child nahm ihre Kunst und ihre Reputation zwar absolut ernst. Doch sie machte die Mission des Kochens so unterhaltsam, dass sie Hunderte von Studierenden, Bewunderern und Huldigern anzog, was ihren Mann dazu veranlasste, seine Karriere aufzugeben, um ihre zu managen. Mit ihr kam die Mode auf, dass Fernsehköche sich immer witzig geben. Man kann sich kaum vorstellen, dass

Child es ohne dieses Heldentum des Lächelns geschafft hätte, so einflussreich zu werden.

Unbekümmertheit kann eine Frau sehr weit über die Ernsthaftigkeit erheben. Verspieltheit verhindert ein Zurückrutschen in die Welt ehrgeiziger Interessen und selbstsüchtiger Isoliertheit – die Domäne von Einsen und, wenn auch etwas weniger stark, von Zweien. Selbstironie gehört nicht zu den Stärken von Einsen und Zweien, bei denen Prestige und äußerliche Erscheinung die Oberhand behalten. Dreien und Vieren sind da unternehmungslustiger und weniger von ihrem Erscheinungsbild abhängig.

Reden Sie schneller, und wechseln Sie abrupt das Thema.
Die ehemalige Herausgeberin der *Vogue*, Diana Vreeland, beschrieb den Schauspieler Clark Gable mit folgenden ironischen Worten:

> *Ich wünschte, ich könnte Ihnen was von seinen Wimpern abgeben. Er hatte die schönsten Wimpern, die ich je an einem Mann gesehen habe – überhaupt an einem menschlichen Wesen. Sie waren ganz genau wie die von einem Shetlandpony. Nun sind Sie vielleicht mit Shetlandponys nicht so vertraut wie ich. Es sind schreckliche kleine Biester – aber sie haben die längsten, wuscheligsten Wimpern, die Sie je an einem Wesen gesehen haben. Die von Clark waren ganz genauso.*

Schnelles und wiederholtes Wechseln des Themas, von Clark Gable über Wimpern zu Ponys, verblüfft die Zuhörer erst einmal, und dann lachen sie. Beschleunigen Sie Ihre Rede: Dadurch verwandeln Sie die Zeit, und Sie werden anders wahrgenommen. Wechseln Sie Ihren Tonfall von ernst zu sentimental zu wütend, finden Sie dann aber wieder zurück zu einem leichten Ton – und Sie gewinnen neue Verbündete für Ihre Vision. Vreeland gibt ihrer Ironie einen sanften Abschluss und lässt den Schauspieler dadurch als einen engen und intimen Verbündeten erscheinen. Indem sie ihn mit einem Pony vergleicht, tut sie ihm einen Gefallen: Sie macht ihn noch liebenswerter und gibt ihm die Gelegenheit, über sich selbst zu lachen. Am interessantesten aber ist, was sie – untergründig – für ihr eigenes Image tut: Sie bringt sich selbst in die Position der göttlich amüsierten Beobachterin von Gable. Sie beklagt sich nicht über ihn, sie betet ihn auch nicht an; sie verhält sich so, als säße sie auf einem Thron, nicht unähnlich der Mona Lisa, und schaute höchst amüsiert und herrschaftlich herab …

Der klassische Richtungswechsel: Stellen Sie eine Situation auf den Kopf, und Sie werden sie für sich entscheiden.

Im Jahr 1967 bemerkte der Dichter Robert Lowell bei einer Geburtstagsparty der bereits frühgereiften Jackie Kennedy, wie sicher sie sich zwischen den Mächtigen bewegte. Sie bestand darauf, ihn dem Verteidigungsminister Robert McNamara vorzustellen, legte aber erst ihre Hand über seinen Mund und ermahnte ihn, höflich zu sein. Lowell hatte etwas Gemeines sagen wollen, in der Art, dass er McNamara zwar leiden mochte, seine Politik aber nicht, weil McNamara für die immer zahlreicher werdenden Toten in Vietnam verantwortlich war. Doch Jackie hielt ihn davon ab: »Wie unglaublich banal. Sie sollten sagen, dass Sie seine Politik bewundern, ihn selbst aber langweilig finden.« Jackie, die so jung und schon so reif war – kein Wunder, dass sie mit ihrem originellen Witz immer zum Mittelpunkt der Aufmerksamkeit wurde.

Margaret Mead trat einmal bei einem Meeting, auf dem viel gestritten wurde, ans Rednerpult und sprach über die Hackordnung bei Hühnern. Die Zuhörer, die einen ernstzunehmenden Vortrag erwarteten, waren erstaunt und hörten brav zu. Nach und nach wurde ihnen klar, dass der Gegenstand von Meads Rede nur ein Spiegelbild von ihnen, den Zuhörern, war, und sie begannen zu kichern, dann zu lachen und am Ende applaudierten sie. Mead ließ auf ein Kompliment oft das Gegenteil folgen. Sie drehte die Dinge gern herum. Als sie einmal mit einem Big Boss der Parfümhersteller-Union sprach, fragte sie ihn, warum er den Leuten das antun würde: ihren natürlichen Geruchssinn zu trüben.

Durch plötzliche Richtungswechsel können Sie Machtverhältnisse auf den Kopf stellen, absurde Zufälle ausnutzen oder völlig übertriebene Gefühle zum Ausdruck bringen (wie Vreeland mit ihrem Wimpernbeispiel). So bringen Sie andere dazu, sich die etablierten, aufgeblasenen Machtpersonen – Langweiler! – genauer anzusehen; und so werden sie sich gerne auf Ihre Seite schlagen. So gewinnen Sie an Einfluss.

Optimismus ist die Waffe der Frau gegen Langeweile, Attacken und die Angst, nicht mehr wahrgenommen zu werden.
Verspieltheit ist der Sieg des Freude-Prinzips. Und Freude ist die subversivste Kraft in der Geschichte.

Sorgen Sie für ein Gelächter, und eine Situation verliert ihre Bedrohung. Gemeinsames Lachen stärkt unsere Macht.

Genauso erschüttern Freude und Spiel die Begrenzungen der rationalen Welt. Freude und Spiel bestärken uns im Glauben, zukünftige Herausforderungen und Gefahren meistern zu können und sie als bloße Zufälle zu betrachten.

Solange in der Welt alles, was mich betrifft, zum Besten steht, kann nichts mich quälen oder langweilen, war die Auffassung von George Sand.

Laden Sie Menschen in Ihre Gesellschaft ein, anstatt sie auszuschließen.

In der Tragödie bleibt am Ende niemand übrig, während die Komödie alle noch mal zu einem großen Auftritt auf die Bühne holt. Je mehr Menschen Sie einladen, an Ihrer Vision teilzuhaben, desto größer werden das Gelächter und der Humor.

Nicht die Schurken sind Ihre Feinde, sondern die Richtenden.

Wer Sie richtet, der kann niemals zu Ihren engsten Vertrauten gehören. Es ist unmöglich, solche Menschen auf Ihre Seite zu ziehen.

Stoßen Sie zu enge Konventionen um, und verschaffen Sie sich so ein goldenes Alter.

Drosseln Sie alle Kräfte, die keinen spielerischen Zug haben. Fürstinnen trachten danach, die gesellschaftliche Hierarchie zu verändern; die reife Frau braucht das nicht. Im reifen Geist bleibt der König ein König und der Narr ein Narr, nur die persönlichen Beziehungen innerhalb der Gesellschaft verändern sich. So sehen zum Beispiel Narren die Wahrheit viel klarer. Sie können frei von der Leber weg reden und haben auf diese Weise mehr Macht als die Könige.

Der Geheimnis liegt in der Metamorphose: die Ordnung wird auf den Kopf gestellt, doch dann ist sie immer noch Ordnung. Ein politischer Camelot, den Jackie Kennedy für die Präsidentschaft ihres Mannes erfunden zu haben schien, war ein genauso seltsamer und sogar verrückter Ort wie die Küche von Julia Child. Eine Regierung, die wie die Tafelrunde von König Artus funktionieren sollte? Doch schon ein Anflug davon ließ aufhorchen und begreifen, dass die Dinge auch ganz anders aussehen konnten. Fürstinnen mussten die gesellschaftliche Ordnung aktiv bekämpfen, um ihre Ziele zu erreichen. In der Mona-Lisa-Welt, in der weniger mehr ist, erreicht ein Lächeln so viel wie zehn Schlachten. Die Macht der reifen Frauen ist nur selten das Ergebnis von Kämpfen oder dem Aufenthalt in Machtzentralen. Die reife Frau steht einfach ein wenig beiseite und lächelt wissend.

Rechnen Sie ruhig mit einem Happyend. Aber nicht mit einem wie bei Aschenputtel.

Hier ist nicht die Rede von Märchen. Der Traum einer komischen Heldin ist wirklicher als wirklich; er ist ihr Happyend. Eine Hochzeit am Ende einer Komödie gehört zu den Ereignissen, die eigentlich unmöglich sind, aber manchmal geschehen. Junge Männer, die ihr Herz an Frauen verlieren, die doppelt so alt sind wie sie, das ist unmöglich, aber es passiert. Dass Coco Chanel mit siebzig Jahren die Modewelt mit alten Designs neu eroberte, konnte einfach nicht sein, aber es geschah. Der Tod ist das unausweichliche Ergebnis von Geburt. Aber neues Leben ist nicht das unausweichliche Ergebnis von Tod – und doch kann aus der Asche und den Qualen ein Lachen entstehen.

Neues Leben entsteht immer dann, wenn das Leben mit Leichtigkeit und Humor betrachtet wird. Erneuerung beruht auf Glaube, Hoffnung und Liebe, und das sind keine vernünftigen Tugenden.

Reagieren Sie nicht auf alles. Ihre Reaktion kann einen Gegenschlag provozieren. Eine Tragödie kann die Folge sein.

Wenn Sie aufhören zu handeln, werden Sie imstande sein, eine Veränderung hin zum Schönen herbeizuführen. Die Tat führt nur zu immer neuen Taten, die Komödie führt zu einem Ergebnis. Lassen Sie die Dinge sich entfalten, ohne einzugreifen. Sorgen Sie dafür, dass Ihre Einstellung und Ihr Verhalten richtig sind, das ist wichtiger als Moral und Taten. Das wird Ihnen auch helfen, Ihre Ängste zu zerstreuen.

Einer komischen Heldin begegnen andere mit Sympathie und Vergnügen. Ihr Ziel ist es, etwas zu finden, was Abgeklärtheit nicht sieht, zum Beispiel ein neues Selbstverständnis oder die Befreiung von Routinen und festgefahrenen Rollen. Dabei hilft der Witz: er verhilft zu einem befreienden Wissen um sich selbst; kein selbstbezogenes Wissen, sondern ein Wissen von der Welt und wie sie funktioniert. Ein Kommentar wie der über die Wimpern von Clark Gable stößt mit einem Mal die ganze Fassade traditioneller Macht um. Komische Heldinnen sind Meisterinnen im schnellen Wechsel von der männer- und machtdominierten Welt der Taten zur Welt der Reflexion, wo die Dinge völlig anders aussehen.

Schwingen Sie sich auf den »leichten Lebensrhythmus« ein; er ist »leicht«, weil alle Wesen das Leben lieben.

»Wenn man weiß, wann man lachen muss und wann die Dinge zu absurd sind, als dass man sie noch ernst nehmen könnte, dann wird sich dein Gegenüber schämen, seine Absichten auszuführen, auch wenn es ihm ernst damit war.« Dies sagte Eleanor Roosevelt im Alter von einundsechzig Jahren über die Strategie gegenüber den feindlichen Russen. »In mancher Hinsicht sind sie uns ähnlicher als unsere Verbündeten, die Briten. Sie lachen über Dinge, die für Mr. Churchill heilig sind. Er nimmt die Russen furchtbar ernst und streitet mit ihnen, wo er doch am besten lachen würde.«

Spielen Sie in der Liebe, und erfahren Sie gleichzeitig ihre Tiefen.

Eine Frau mit einem tragischen Blick auf die Welt wird von einer tiefen und geheimen Angst gesteuert: Sie glaubt, dass ein Fehler, den sie in ihrer Vergangenheit gemacht hat, auf sie zurückschlagen wird, wenn sie es wagt, stolz auf sich selbst zu sein. Denken Sie nur an all die tragischen Helden: an Ödipus, dem in früher Kindheit verheißen wurde, dass er den Untergang des Königreichs Theben auslösen würde; oder an König Artus, dessen frühe politische Entscheidung von der Warnung begleitet war, ganz Camelot zu zerstören. Die Reihe reicht bis hin zu Jane Eyre, die glaubte, ihre traurige Kindheit würde ihr ein tragisches Erwachsenenleben bescheren. Komödiantinnen hingegen sind von ihrer Vergangenheit und vom Leiden befreit und können sich daher neu erschaffen. Die Vergangenheit hat keinen Einfluss auf sie. Sie ist reif, sie fällt ab, man ist frei. Eine komische Heldin erlebt auf diese Weise, dass sich Verlust in Gewinn wandelt. Sie investiert nicht in Schuldgefühle. Sie erlebt stattdessen eine Wiedergeburt, eine Erneuerung der Kräfte der Natur. Eine Renaissance.

Die komische Heldin Emily Dickinson hatte weder ein besonderes Interesse an ihrer Vergangenheit, noch kümmerte sie sich sonderlich um ihre Zukunft. Ihr Leben bestand aus Momenten.

Tieftrunken bin ich – von der Luft –
Und taumle schwer vom Tau –
Endlose Sommertage lang –
Als Gast durch Flüssigblau –

Wirft man betrunkne Bienen raus
Im »Fingerhut«-Lokal –
Schwörn Falter ihrem »Schlückchen« ab –
Ich leer das Glas noch mal!

Bedenken Sie, dass sich Ihr Leben nicht als einheitliche Geschichte entfaltet, sondern eher in unverbundenen Episoden.

Man erwirbt mehr experimentelle Möglichkeiten, wenn man sein Leben als lose Sammlung von Episoden betrachtet, die miteinander verbunden sind oder auch nicht; und wenn sie aneinandergeknüpft sind, dann durch einen komischen Faden. Die Vorstellung, dass unser Lebensweg nur eine Geschichte mit einem Anfang und einem Ende ist, betont zu stark den Wunsch nach langweiliger Stetigkeit. Je besser ein Mensch darin ist, sich dem gewundenen Pfad des Schicksals zu unterwerfen, desto mehr Liebe und Abenteuer wird sein Leben erhalten. Das Leben von Golda

Meir war höchst komisch, obwohl es ein Leben im Krieg und voller Verluste und Tragödien war. Es entfaltete sich in Episoden, und die ironischen Teile, nicht die Tragödien, ragten heraus: Die Ironie der Hausfrau aus Milwaukee, die ausgerechnet zur Farmerin in der Wüste wird und später zur Kriegerin, die für ihr Land kämpft und es verteidigt – das ist einfach zum Lachen. So ein Leben dürfte es gar nicht geben, aber es kam doch vor. Meir bewahrte sich ein zuverlässiges Maß an ironischem Humor in ihren öffentlichen Botschaften, auch dann, als die Verluste ihres Landes nicht mehr tolerabel waren. Menachem Begin sagte einmal zu ihr: »Golda Meir, du bist wie die Mutter Erde! Man wirft sich an ihren Busen, und im nächsten Moment ist man tot.« Worauf sie erwiderte: »Ich bin zu alt, um mich daran zu erinnern, wie das war, als sich das letzte Mal jemand an meinen Busen geworfen hat, aber wie tot benahm der sich sicher nicht.« Mit welcher Geschicklichkeit wechselte sie hier das Thema von Tod zu Liebe. Mit welchem Witz verwandelte sie Selbsterniedrigung in einen Sieg – ihre Fähigkeit, Begins freche Worte zu kontern. Sie war visionär, wie mit ihrem leidenschaftlichen Satz: »Es wird erst Frieden geben, wenn die Araber ihre Kinder mehr lieben, als sie die Juden hassen.« Für sie war Ironie eine Strategie, eine halb humorvoll, halb ernst gemeinte Provokation. In ihr zeigte sich die Hoffnung, einen neuen Schluss für eine endlos sich entwickelnde Tragödie schreiben zu können.

Eine Heilerin und Heldin der besten Art ist Shakespeares reifste weibliche Figur, die Rosalind. Als ihr Vater infolge einer Pechsträhne seines hohen Amtes bei Hofe verlustig geht, flieht Rosalind vom Hof und begibt sich in den Wald von Arden. Sie lässt die »vernünftige« Ordnung hinter sich und betritt ihren eigenen Machtbereich in dieser Wildnis. Der Wald, das möchte Shakespeare uns zeigen, ist die Idee des Chaos: ein mütterliches und magisches Reich, ein ins Komische verkehrter Garten Eden, wo jeder Verlust in Freude aufgewogen wird. Hier darf Rosalind ihre mutige, von Lachen und ernsthafter Diskussion begleitete Komödie vortragen. Sie macht klar, dass sie eine Heldin ist, die abseits der bekannten und vernünftigen Ordnung existiert.

Im Wald von Arden begegnet sie dem wunderbaren Orlando, dessen Unreife sie zwar bemerkt, aber nicht zu beeinflussen versucht. Stattdessen macht sie ihn zu einem Mann, den sie lieben kann und der sie so lieben kann, wie sie geliebt zu werden verdient.

Rosalind ist Shakespeares Mona Lisa. Sie ist eine Vier, »der bewundernswerteste Charakter bei Shakespeare überhaupt«, meint der Gelehrte Harold Bloom. Sie ist zwar eine Erfindung, doch Bloom meint, dass sie die weibliche Figur sei, die Shakespeare selbst gern werden wollte. Sie ist absolut seriös und wahrhaftig, doch spricht sie weder in schönen Worten noch mit Empörung, und sie übt auch nicht im Geringsten direkte Kritik. Das Komische an ihr ist die verwickelte Strategie, die sie im Wald von Arden verfolgt: Sie verkleidet sich selbst als Mann, der die Rolle der Frau – also sich selbst – spielt. So macht sie sich selbst zu einem Mann, der ganz Frau ist. Mit Orlando spricht sie in einer Stimme des besonnenen Eros. Sie bringt ihm geduldig – platonisch, manchmal aber auch ganz handgreiflich – bei, wie er sie zu lieben hat, und zieht damit ein Register, das junge Frauen niemals wagen würden: Orlando soll sie wie ein Vater und ein Mann lieben, soll ihr also Freiheiten zugestehen und sie bedingungslos lieben.

In ihrer Verkleidung als ein großer Mann, der ganz Frau ist, spielt Rosalind mit Orlando. Sie spielt auf der ganzen chaotischen Klaviatur der Komik, aber nicht, um sich damit vor Orlando wichtig zu machen, sondern um ihm die Möglichkeit zu geben, zu reifen. Sie will ihn die bewusste Liebe lehren, also die reife Liebe, die so ganz anders ist als die romantische Liebe, die auf Phantasie gegründet ist. Noch niemand ist an der Liebe gestorben, versichert sie ihm. Sie bringt ihm einfache Sachen bei, so zum Beispiel, dass sie Pünktlichkeit bei Verabredungen erwartet. Und sie weist ihn darauf hin, dass ein Mann eine Frau niemals dafür kritisieren sollte, wenn sie ihre Meinung auf unübliche, komische Weise äußert – nicht einmal, wenn sie dabei alles auf den Kopf stellt. Reife Heldinnen nehmen diese Aufgabe, Geliebten und Bewunderern etwas beizubringen und sie in Menschen zu verwandeln, die für eine Welt der Liebe reif sind, gerne an.

Orlando war in Gefahr, es sich in den Annehmlichkeiten der Konventionen – »wie es euch gefällt« – allzu bequem zu machen. Rosalind feilt in ihrer männlichen Verkleidung nun ständig an seinen konventionellen Antworten herum, bis sie die gleiche Sprache sprechen. Ihre witzigen Dialoge verhüllen nur schwach die unterschwelligen Phantasien der beiden von einem gemeinsamen Leben.

Nach Blooms Überzeugung gibt es kein größeres Glück als das von Rosalind. Sie ist eine erotische Realistin und zugleich eine ungewöhnlich liebevolle Kritikerin der romantischen Liebe. Näher als sie kann man der komplex ausgearbeiteten Figur einer Frau, deren Weiblichkeit männliche Bestimmtheit einschließt, nicht kommen.

Ein solches Verhalten zeigt natürlich nicht nur im Wald

von Arden seine Wirkung, sondern auch in den Tempeln der Macht.

Die komische oder schelmische Stimme bringt das ein, was dem öffentlichen Leben fehlt, und annulliert dadurch die Macht.

Die ehemalige Gouverneurin von Texas, Ann Richards, trug ihre berühmte Rede 1988 vor der Demokratischen Nationalversammlung – der Hauptversammlung der Demokratischen Partei – ohne großartige Eloquenz vor. Sie benutzte nicht die Rhetorik eines Churchill, machte nicht die Versprechungen eines Roosevelt und trat nicht intellektuell auf wie ein Clinton. Richards schlug immer einen kumpelhaften und schelmischen Ton an. Sie fing an, eine ganz gewöhnliche Geschichte zu erzählen, dann brachte sie spitzbübisch diese so unglaublich witzige Passage über den damaligen Vizepräsidenten George Bush senior, die die Familie Bush heute noch quält: Sie sagte, er sei »mit einem silbernen Fuß im Mund« geboren worden. Indem sie zwei Anspielungen miteinander verband, stellte sie den zukünftigen Präsidenten auf nicht gerade schmeichelhafte Weise dar: als Mann, der mit Privilegien geboren war (der silberne Löffel), und zugleich als großmäuligen Politiker, der viele Peinlichkeiten von sich gab (nach einem amerikanischen Slangausdruck). Es ist alles möglich, wenn es mit einem Lächeln gesagt und mit einem Lächeln aufgenommen wird.

Frauen nehmen, so sagt man, auch die schattigen Seiten des Lebens wahr – die dunklen Seiten und Auswirkungen der Manipulation, die männliche Politiker gern ignorieren. Eine Stimme, die das Böse in der Welt erkennt und es dann nicht versteckt oder ignoriert, sondern es als real begreift ... um es dann flugs in eine witzige Form zu kneten. Das provoziert, aber es ist auch eine Einladung zu einem anderen Verständnis und dadurch heilend. Das ist der Weg zu einer goldenen Welt, die noch viel besser ist, als man sich es je vorgestellt hat. Wer eine solche Welt heraufbeschwören kann, der kann auch dem eigenen Zeitgefühl vertrauen und der Fähigkeit, die Zeit zu verlangsamen und andere mit der Schönheit der ureigenen Sichtweise Gottes vom Unveränderlichen und Ewigen zu beschenken.

Taktik Nummer 7

»Hasse und warte.«
Junk Food kann Sie nicht stark machen.
Haben Sie keine Angst vor Kritikern,
und gehen Sie ihnen nicht ums Maul.
Lassen Sie lieber mal den Tiger aus dem Käfig.

Durchbrechen wir das schusssichere Glas um die wohl-
erzogene Dame des heiligen Leonardo da Vinci für eine
Weile, und stellen wir uns unsere überzeitige Heldin nicht
im Schutzkokon des Louvre vor, sondern in der richtigen
Welt. Wie würde eine gedulderprobte Mona Lisa, die auf
der Welt alles schon gesehen hat, reagieren, wenn man sie
mit dem größtmöglichen Übel konfrontierte? Wann würde sich ihr Lächeln in ein Zähnefletschen verwandeln?
Dieses Kapitel über die dunklen Seiten der Macht hat
seinen Titel von dem Motto der verleumdeten Katharina
von Medici, einer italienischen Königin, die am französischen Hof, in den sie eingeheiratet hatte, gedemütigt
wurde. Katharina wurde dafür kritisiert, zu füllig, zu einfach und italienisch zu sein. Sie verbarg ihr Gewicht unter
Kleidern, und ebenso versteckte sie ihre geheime Strategie,
die lautete: »odiate et aspetate«, »hasse und warte«. Freunde

können die Wahrheit vertragen, deshalb empfahl sie: »Umschmeichle nur deine Feinde.«

Es ist nicht immer möglich, dem Bösen mit Freundlichkeit zu begegnen. Katharina fühlte sich jahrelang ihrer Rivalin Diane de Poitiers bei der Gunst um ihren königlichen Ehemann unterlegen. Die viel ältere Diane war eine Eins, eine sehr bewunderte und gut erhaltene Schönheit, und sie hatte schon zu Jugendzeiten des Königs mit diesem angebandelt. Ein Kuss von ihr in einem schwachen Moment seiner jungen Jahre brannte sich ihm ein, und er verlor nie den Glauben an sie. Sie wurde seine Beraterin, seine Geliebte und zog auch zum Teil die Kinder auf, die seine Frau ihm gebar. Er erfüllte gehorsam seine Pflicht, die königliche Linie mit Katharina zu verfolgen – à la levrette, in Hündchenstellung, damit er sie nie anschauen musste. Doch Diane war es, neben der er schlief. Katharina bohrte ein Loch in ihren Fußboden und sah, wie ihr Mann mit Diane schlief. »Mit mir war er nie so gut«, sagte sie weinend. Und dann plötzlich, nach dem überraschenden Tod ihres Ehemanns, entwickelte Katharina ihre Macht. Sie nahm Diane das Haus weg und viel von dem Reichtum, den der König ihr gegeben hatte. Jahre ihres Lebens hatte Katharina ihren Ehemann und ihre Rolle als Königin mit Diane geteilt. Das Witwendasein würde ihr allein gehören. Sie lernte, die Geschichte nach ihren eigenen Bedürfnissen umzuschreiben. Dazu ging sie in die Offensive und erzeugte Angst, so wie Königinnen das manchmal tun.

»Je älter ich werde, desto überzeugter bin ich davon, dass man schon ein Stück weit ein Arschloch sein muss, um in dieser Welt überhaupt irgendetwas zustande zu bringen«, sagte Susan Sontag, die schon mit zwanzig Anerkennung und Respekt gewann, indem sie ihre Begabungen, Freundschaften und ihre Persönlichkeit schärfte und bearbeitete. Doch um ihre Macht im Alter wirksam einzusetzen bei ihrer neuen Arbeit, dem Schreiben von Romanen und ihrem Engagement für Kriegsgebiete wie dem Kosovo, durchsetzen zu können, war sie immer wieder zu tyrannischem Donnerwetter und zu Rachsucht fähig. Frauen haben es ja lieber, wenn ihre Heldinnen grundsätzlich Gutmenschen sind, doch je mehr wir die Definition von Weiblichkeit erweitern, desto klarer wird uns, dass Schöpferinnen ihre Macht auch als Zerstörerinnen zeigen müssen. Man kann im Alter nicht immer noch die andere Wange hinhalten, ohne Rachsucht in sich zu fühlen. Simone Weil, die zu jung starb, sagte, die wahre Mutprobe sei, einen Schlag hinzunehmen und ihn nicht weiterzugeben. Deshalb glauben junge Fürstinnen, dass sie lernen müssten, gegen sie gerichteten Hass zu absorbieren und nicht darauf zu reagieren. Doch im reiferen Alter kann man es sich nicht leisten, Rachegelüste zu unterdrücken. Man ist gut beraten, Gleiches mit Gleichem zu vergelten und große Wut zu äußern – allerdings auf betörende, doppelzüngige und irrationale Weise. Dann ist das Komische in höchstem Maße absurd.

Wer Stärke demonstriert, der muss für gewöhnlich damit rechnen, dass seine Umgebung gereizt reagiert. Erst wenn man eine hohe Stufe der Macht erreicht hat, wie es zum Beispiel Vieren tun, dann kann man das öffentliche Kräftemessen wagen. Eine Königin wird in ihrem Leben vielleicht ein- oder zweimal als reine Machtdemonstration ein solches Verhalten an den Tag legen. Auch die schönsten

Frauen und Ikonen ihrer Zeit haben das getan. Über Colette sagte der Schriftsteller John Updike, dass nur wenige im Boxring des Lebens zehn Runden gegen Colette überstanden hätten. Hassen Sie nur, solange Sie warten. Wenn Sie handeln, dürfen Sie nichts zurückhalten.

Macht ist ein animalischer Instinkt. Um ihm Ausdruck zu verleihen, muss man genau wissen, wie weit man gehen kann, und man darf keine Angst vor der eigenen Stärke haben.

Sorgen Sie dafür, dass Ihre Gegner wissen, mit wem sie es zu tun haben. Sie müssen lernen, dass sie nur sich selbst schaden, wenn sie Sie bekämpfen oder Ihre Mission lächerlich machen. So funktioniert das in der Welt. Um sanft sein zu können, muss man mehr als hart sein – man muss ein Geschoss sein. Sie müssen genau wissen, wozu Sie fähig sind, und die anderen sollten das auch wissen. Wo die Macht regiert, hat Respekt größte Bedeutung. Wenn die Leute wissen, dass sie mit Ihnen nicht umspringen können, wie sie wollen, werden sie respektvoll mit Ihnen umgehen. Auch Charme bringt Sie weiter, wenn die Leute wissen, wo Ihre Grenzen sind.

Colette sagte einmal, es ist nicht leicht, ein Biest zu sein. Oder sich darauf einzustellen, dass man im Alter ein Biest, ein Ungeheuer wird. »Das ist noch schwerer, als eine Heilige zu sein.« Sie schließt daraus, dass Frauen Ungeheuer sind und dass eine Heilige oft ein Ungeheuer an Freude ist. Frauen, die in sich dieses heilige Ungeheuer erkennen, haben bereits die höchsten Weihen der Reife erlangt. Unser Ziel ist es, Wut mit Humor zu zeigen.

IN DER LEGENDE ZIEHEN JUNGE MÄNNER
AUS UND TÖTEN DAS UNGEHEUER.
DIE WENIGSTEN FRAGEN ÜBERHAUPT:
WER IST DENN DAS UNGEHEUER?
DIE ANTWORT LAUTET: DIE ÄLTER
WERDENDE FRAU, DIE MIT VERDOPPELTER
STÄRKE ZURÜCKKEHRT.

Die Mona-Lisa-Strategie kann verletzlicher machen, insofern sie die Frauen dazu ermutigt, sich stärkeren Kräften oder Gefühlen hinzugeben. Aber denken Sie bloß keine Sekunde daran, sich zu unterwerfen oder traurig zu werden, wenn Sie angegriffen oder verleumdet werden. Ein Charakter wird aus erkaltetem Stahl geformt und durch Leiden geschärft und gehärtet. Eine Frau wird ab und zu ihre Zähne zeigen müssen. Die ätzenden Kritiken an Politikerinnen werfen nur ein schlechtes Licht auf ihre Verfasser, wie bei den politischen Feinden Elisabeths I. sichtbar wurde, die versuchten, die Königin als flatterhaft zu verunglimpfen. Aber Frauen werden nicht nur von ihren Feinden gedemütigt, sondern auch von ihren Liebhabern: Der Krimiautor Dashiell Hammett erklärte der Dramatikerin Lillian Hellman seine ewige Liebe, doch sie fand ihn regelmäßig mit anderen Frauen im Bett. Und den Ike Turners dieser Welt kann man nicht mit Charme, Komik, Geduld oder besonnenem Eros beikommen. Man muss ihnen schon als Kindern die Maske wegreißen.

Als Edith Wharton fünfundvierzig Jahre alt war, begegnete sie dem Herumtreiber Morton Fullerton und lebte auf. Sie erkannte durchaus seine Schwächen, seine Unzuverlässigkeit und dass er ein Schürzenjäger war. Doch selbst als er sie enttäuscht und bloßgestellt hatte, beschloss sie, ihn nicht zu verlassen, sondern sich an ein neues Bild von ihm zu gewöhnen. Nun war er nicht mehr der Held ihrer Träume, sondern der Mann, den sie liebte und der sie geliebt hatte. Ganz nett, aber eine äußerst kraftlose Reaktion.

»Ich frage mich nie, was du tust, wenn du nicht bei mir bist«, schrieb sie an Fullerton. »In solchen Augenblicken habe ich das Gefühl, als würde sich aller Mystizismus in mir – das Transzendentale, das in anderen Frauen zur Religion wird – in meine Empfindungen für dich ergießen und mir ein Gefühl von Immanenz, von Untrennbarkeit von dir verleihen. In einer dieser Streitigkeiten ... als du mir vorwarfst, dir nie ein Zeichen meiner Liebe zu geben, wollte ich antworten: ›Aber da ist doch diese Gedankenverbindung, die so viel enger zu sein scheint als ein Kuss.‹«

Ihr Freund, der Schriftsteller Henry James, riet ihr, großzügig zu sein. Als Fullertons Treulosigkeit ihr zusetzte und sie ihn verlassen wollte, meinte James, sie sollte ihm verzeihen und nicht an die Schmach denken. Doch wäre Edith Wharton den Demütigungen Fullertons mit Stärke begegnet, dann hätte er sie vielleicht respektiert und sich rücksichtsvoll verhalten. Wenn man die Behandlung, die einem zuteilwird, hasst, sie aber akzeptiert, indem man sie aussitzt, dann entschuldigt man die Tat.

Merken Sie sich das also, denn das gilt für alle Fullertons dieser Welt: Bei solchen Menschen kann man nicht auf guten Willen bauen. Ganz gleich, was Sie für diese Leute tun: sie werden es im nächsten Augenblick vergessen haben. Sie erkennen nicht an, was Sie für sie bereits getan haben, sondern interessieren sich nur für sich und das, was ihnen gerade jetzt geschieht. Und das nehmen sie als Beweis dafür, Kontrolle über Sie zu haben, als Beweis für Ihre Hörigkeit gegenüber ihren Launen. Solche Leute sind die Teufel und übelsten Handlanger der Zeit. Sie spielen ihre Macht aus und wenden sie gegen Sie. Leider ist die Welt zu voll von Fullertons, um ihnen aus dem Weg gehen zu können. Also müssen Sie sie stattdessen benutzen, und zwar so, dass sie keine anderen mehr verletzen können. Denn sobald diese Leute mit Ihnen fertig sind, schlagen sie ihre Krallen in jemand anders ein. Ihnen kann man weder mit Freundlichkeit noch mit Grausamkeit beikommen. Also lachen Sie über sie. Das Lachen können sie nicht ertragen, denn es zerstört ihr Ego.

Betrug kann nicht toleriert werden, ganz gleich ob im Bett oder sonst wo. Eleanor Roosevelt beschwerte sich, dass immer, wenn sie als First Lady versuchte, den Männern im Kabinett ihres Mannes eine Idee oder einen Vorschlag zu unterbreiten, ihr nur leere oder zerstreute Blicke begegneten. Die Männer saßen ihr gegenüber und taten nur so, als würden sie zuhören. Kaum war sie fertig, begannen sie ein Gespräch, das nichts mit dem zu tun hatte, was sie gerade gesagt hatte. Also ließ sie diese Bemühungen einfach sein und traf sich lieber mit vertrauten Freundinnen; Ratschläge ihrer Kritiker ignorierte sie.

Hassen und warten Sie. Ignorieren Sie Gegner, bis es nicht länger geht. Und dann gehen Sie in die Offensive: Geben Sie Ihrem Gegner so hemmungslos, wie es Ihre Selbstkontrolle zulässt, Kontra. Jetzt sind Sie denen, die Sie hassen, ebenbürtig. Vergessen Sie nicht: Sie können ein heiliges Ungeheuer sein.

Das Paradox der Frau
als Siegerin durch Verstrickung

Die Stärke einer Frau ist abhängig von allem Möglichen.
Sie steht in vielerlei Beziehungen, und manch einer möchte ihr gerne ein Bein stellen. Je größer ihr Kreis von Freunden und Geliebten ist, desto verletzlicher ist sie. Penelope,
die Königin des antiken Ithaka, hatte ein sehr modernes
Problem. Sie wurde von ihrem Ehemann Odysseus für
zwanzig Jahre allein gelassen: Erst zog er in den Krieg, und
nach dem Sieg ließ er sich reichlich Zeit mit dem Nach-
hausekommen. Penelope regierte in seiner Abwesenheit
Ithaka und erzog den gemeinsamen Sohn. Als fast zwei
Jahrzehnte vorbei waren und Odysseus immer noch nicht
aufgetaucht war, dachten viele, sie sei nun Witwe. So kamen viele Freier zu ihr in den Palast und wollten sie heiraten – vor allem, wie Penelope befürchten musste, weil sie
nach ihrem Reichtum und ihrer Macht trachteten. Es gab
für sie viele Gefahren: Ihr Sohn, der wusste, dass ein neuer
Ehemann ihn sein Anrecht auf den Thron des Vaters kosten
konnte, könnte auf die Idee kommen, Penelope wegzu-
schicken oder gar sie zu töten. Und wie lange würde es
dauern, bis ihre Dienerinnen, ihre engsten weiblichen Vertrauten, Lügen über ihre Keuschheit verbreiten würden,
um sich den Verteidigern des abwesenden Odysseus anzu-
dienen? Penelope war von denen bedroht, denen sie am
meisten hätte vertrauen müssen.

*Die Listenreiche weiß sich vor der Tücke anderer zu schüt-
zen. Sie bleibt frei.*

Penelope beschloss, sie alle zu überlisten. Sie teilte den Freiern mit, dass sie sich keinen unter ihnen zum neuen Ehemann auswählen würde, ehe sie nicht ein Leichentuch für ihren alten Schwiegervater gewebt habe. Das war ihre Methode, die Krise auszusitzen. Sie webte jeden Tag ein Stück, und in der Nacht zog sie heimlich alles Gewebte wieder auf. Wie gesagt, die beste Handlung ist oft, nichts zu tun. Das Tuch oder Netz der Penelope ist Sinnbild geworden für eine Aufgabe, die auf geheimnisvolle und kluge – oder komische – Weise unvollendet bleibt. Margaret Atwood legt in ihrer Abhandlung über Penelope und Odysseus der Königin die Worte in den Mund, sie habe mit dem Netz nicht Männer wie Fliegen fangen wollen, sondern nur versucht, selbst nicht verstrickt zu werden.

Wer ein Netz webt, kann sich selbst von Verstrickungen fernhalten. Die Stärke der Penelope liegt in der klassischen Taktik, mit einer offensichtlich irrationalen Handlung direkte Reaktionen hervorzurufen. Das ist eine Methode, in die Offensive zu gehen, indem man abwartet, bis die Zeit für Racheakte gekommen ist, ohne dass die eigenen Absichten offenbar werden. Das funktioniert wie folgt:

Seien Sie stark genug, sich davon anregen zu lassen, was andere zu Fall bringt.

Zeigen Sie Zähne. Jeder Versuch, den Charakter einer Frau auszulöschen, muss wirkungsvoll geahndet werden. Reagieren Sie, wenn Sie respektlos behandelt wurden, nicht sofort. Warten Sie ein paar Tage oder ein paar Stunden. Ihr Gegner wird bereits glauben, gewonnen zu haben. Und dann schlagen Sie zu. Bei einem Meeting zwischen einem Wirtschaftsmagnaten mit einem jüngeren, weniger einflussreichen Industriellen war auch eine machtvolle Frau zugegen, auf deren Rat der Magnat Wert legte. Der jüngere Industrielle begann, auf Schwächen der Frau hinzuweisen. Er meinte, sein Ansehen bei dem Älteren heben zu können, indem er sich als schlagkräftiger Kritiker erwies. Die Frau blieb bis zum Ende des Abendessens zurückhaltend und höflich. Kurz vor dem Aufbruch, als klar war, dass sie das letzte Wort haben würde, sagte sie: »Sie haben sich in den folgenden Angelegenheiten, über die Sie heute Abend gesprochen haben, wie folgt geirrt«, und zählte die sachlichen und interpretatorischen Fehler auf, die er gemacht hatte. Und fügte hinzu: »Nur dumme Menschen unterschätzen mich. Ich hatte gehofft, Sie würden nicht dazugehören.«

So entblößte sie nicht nur den hässlichen Ehrgeiz des jungen Mannes, sondern auch seine strategische Dummheit, die wahren Machtverhältnisse am Tisch falsch eingeschätzt zu haben. Und da sie einiges über den Charakter von Feiglingen wusste, die sich nämlich nur zu gern beherrschen lassen, verschaffte sie sich Respekt. Es traf ihn, als dummer Junge entblößt zu werden, als ein Kind, das eine Ohrfeige verdiente. Die Frau und ihr schwacher Gegner würden vielleicht nie Kameraden werden, aber es würde auch nie wieder ein Wurm wie er meinen, sich über sie erheben zu können, ohne dafür zahlen zu müssen.

Hassen und warten Sie, und in der Zwischenzeit weben Sie ein Leichentuch.

Denken Sie nicht mehr wie eine Frau – denken Sie wie Ihre Feinde.

Wie der Sexualtrieb, die Libido, gibt es auch einen Todestrieb, der Destrudo genannt wird. Er bezeichnet die Erregung, die jemand durch Zerstörung empfindet. Lassen Sie Ihren gerechten Zorn walten und begreifen Sie: nicht alles hat eine Bedeutung. Suchen Sie nicht nach Sinn, und versuchen Sie auch nicht, ihn herzustellen. Laden Sie stattdessen die Kräfte des Chaos ein. Zerstörung kann eine durchaus lohnenswerte Reaktion sein. Die Große Mutter in ihrer hohen Weiblichkeit ist ebenso eine Zerstörerin wie eine Schöpferin. Manche Leute auf dieser Welt sind einfach böse, oder zumindest manchmal – da braucht es keine Erklärung mehr. Die Suche nach einer Erklärung hält Sie nur vom Handeln ab.

Der jungen Fürstin wurde geraten, den fünf großen »Warum« zu folgen: zu fragen, warum jemand scheinbar grundlos etwas getan hatte, um sie zu verletzen. Dann musste sie wieder und wieder fragen – fünf Mal – und sich jedes Mal tiefer in die Motive ihres Gegners bohren, um sie verstehen und besser aus den Angeln heben zu können. Doch mit fortschreitendem Alter ist das Warum immer weniger von Bedeutung. Man hat einfach die Zeit oder die Geduld nicht, auch nur einmal – geschweige denn fünfmal – danach zu fragen. Motive spielen keine Rolle. Eine liebevolle Tat ist liebevoll, eine hässliche ist hässlich. Punkt.

Diese Taktik wird Sie zur Verzweiflung bringen. Denn es wird Ihnen unmöglich erscheinen, Kritik an Ihrer Person für sinnlos oder unberechtigt zu halten. Doch gereiztes Lauern ist wie eine Viper, die in unbewusster Wut nach einem Ziel sucht. Manche Angreifer demütigen Sie mit Worten, die sie gar nicht so meinen – sie wollen Ihnen nur einen Schuss vor den Bug geben, um Sie zu verwirren und zu schwächen. Vielleicht sagen sie Ihnen dann: »Ich habe rein gar nichts empfunden«, nachdem sie mit Ihnen geschlafen haben. Oder sie verpassen einem Politiker irgendein Etikett: So wurde Hillary Clinton von einem Journalisten persönlich angegriffen und »Sankt Hillary« genannt, weil sie in den frühen 1990er Jahren ihrer Sorge um die Seele Amerikas Ausdruck verliehen hatte. »Sankt Hillary« wurde zu einer Waffe in den Händen ihrer Kritiker, um Hillary Clinton rettungslos lächerlich erscheinen zu lassen. Solche Angriffe müssen ebenso pariert werden, nämlich als eine Bedrohung, die in der Sache völlig bedeutungslos ist.

Versetzen Sie sich in eine Position größtmöglicher Autorität. Geben Sie die Demütigung in kleinen Dosen frei. Antworten Sie nicht auf die Dinge, die gegen Sie vorgebracht werden. Sagen Sie dem Angreifer, dass er ein Schurke, ein Langweiler, ein Dämon ist. Dann soll er Sie mal fragen, was Sie damit meinen. Sagen Sie nicht: »Ich verstehe Sie …« Nein, greifen Sie ihn wieder und wieder an. Wiederholung wird Ihnen ein Gefühl der Kontrolle geben. Ein Baby schmeißt an die hundert Mal seine Puppe aus dem Laufstall, und seine Eltern tun sie wieder hinein. Wiederholung ist ein allererster Erfolg, denn sie gibt Ihnen das Gefühl, Ihre Welt unter Kontrolle zu haben.

Mag sein, dass der Kritiker Sie erneut mit Vorwürfen überschüttet: »Sie waren es, die – wodurch auch immer – mir das Messer in den Bauch gerammt haben.« Oder: »Sie haben mich immer im Nachhinein kritisiert.« Solche Kritiker begreifen nicht, dass sie erst durch ihre Brutalität Ihren Zorn hervorgerufen haben; Sie können sicher sein, dass die ihre Schuld nie einsehen werden. Ignorieren Sie also die halbherzigen Versuche eines Gegners, Sie glauben

zu machen, dass er irgendetwas von der emotionalen Landschaft Ihrer Auseinandersetzung versteht. Das ist nur ein
Trick von ihm. Lassen Sie ihn leiden, dann gibt es wenigstens noch eine kleine Chance, dass er aufwacht und seine
Verantwortung begreift.

***Schwelgen Sie in Sinnlosigkeit: Weben Sie dunkle Leichen-
tücher.***

Weigern Sie sich, sich selbst zu erklären – das ist der Gipfel
des Heldentums, das stark und mit Humor gewürzt ist. Es
zwingt andere dazu, sich um eine Erklärung oder einen
Grund für Ihr Verhalten zu bemühen. Das ist viel stärker als
direkte Kontrolle. So überlistet die Frau die Tücken ihrer
Gegner: Zweideutigkeiten, Unklarheiten und sogar Rätsel,
wie die der Sphinx, holen andere aus der Deckung. Das ist
eine Form des finsteren Flirts. Wenn Sie aber versuchen,
mit dem Bösen zu argumentieren, dann haben Sie die
Schlacht schon verloren, ehe sie überhaupt angefangen
hat.

Eine Frau schrieb an einen ehemaligen Liebhaber, der
versuchte, ihre Freunde gegen sie aufzuhetzen: »O ja, du
weißt immer noch ganz genau, was in der einen Hälfte
meines Herzens los ist.« Das bedeutet einfach nichts, und
deshalb ist es lustig. Ihr Gegner hat ganz schön viel Zeit
damit verbracht, sich zu überlegen, was sie damit wohl
meinte, ehe er begriff, dass sie bluffte, aber sie machte einfach weiter mit Aussagen, die abwechselnd klar, weniger
deutlich oder völlig verwirrend waren.

Sagen Sie: »Oh, X, ich finde Ihre Verspieltheit und Ihren
Witz wunderbar.« Schmeicheln Sie Ihrem Gegner mit den
Dingen, die Sie wirklich an ihm mögen oder bewundern,

aber jedes Mal, wenn er nach einer Klärung verlangt, antworten Sie mit einer neuen rätselhaft freundlichen Nicht-Aussage. Dann wird er allmählich so perplex sein, dass er Sie irgendwann normal behandeln und Sie letztendlich um Freundlichkeit anflehen wird.

Ihre Angriffe und Behauptungen sollten Sie passiv formulieren, sagen Sie also Dinge wie: »Lohnenswert ist es hier nur, über folgende Dinge nachzudenken …« Das wird natürlich unpersönlich klingen, aber auch »stimmlos« und verunsichernd. Das Passive ist schwerer auszuhebeln, es ist, als würden Sie in Tarnkleidung angreifen.

Und vor allem: Übernehmen Sie die Kontrolle.

Benutzen Sie oft seinen Namen. »Hören Sie sich das doch mal an (kurze Pause) – Conrad …« – »Was würden Sie da machen, Conrad?« Den Namen des Gegners auszusprechen, vielleicht noch mit einer kleinen Pause versehen, fesselt.

Fixieren Sie ihn. Blicken Sie ihm in die Augen, wenn Sie sprechen. Lassen Sie Ihren Blick mit jedem Taktschlag Ihrer Aussage von seinem linken Auge zum rechten schweifen. Wenn Sie sagen: »Wir müssen über Ihr übles Verhalten gestern Abend reden und sehen, was wir tun können, um das wieder ins Lot zu kriegen«, dann werden Sie automatisch spüren, wie dieser Satz in Taktschläge oder Pausen zerfällt: »Wir müssen / über Ihr übles Verhalten gestern Abend / reden / und sehen / was wir tun können / um das wieder ins Lot zu kriegen.« Bewegen Sie Ihren Blick mit jedem Schlag von seinem linken zu seinem rechten Auge. Das packt die Aufmerksamkeit Ihres Gegners und versetzt ihn in

Trance. Er kann den Bewegungen Ihrer Augen nicht entweichen. Sein Blick ist in Ihrem eingeschlossen. Das wirkt, als würde man ihn in Trance versetzen, und auf einer unbewussten Ebene reduziert es den Widerstand Ihres Zuhörers gegen das, was Sie sagen.

Dieselbe Wirkung entsteht, wenn Sie jemandem mit angespannten Muskeln gegenübersitzen – Sie haben dann ein isometrisches Aussehen. Angespannte Muskeln strahlen Energie, Vitalität und Anregung aus, dem kann man sich nur schwer entziehen.

Und dann halten Sie mit nichts hinterm Berg: Treffen Sie Ihren Gegner an seiner empfindlichsten Stelle.

Das Beste an der Reife ist, dass Sie Ihre Wut stärker empfinden, nicht schwächer; Ihre Wut über die Ungerechtigkeiten, die Ihnen widerfahren sind, und über den Zustand der Welt. Politikerinnen können gar nicht wütend genug sein, denn es ist ein Zeichen für ihre Ehrlichkeit und ihren Willen, die Dinge ins Lot zu bringen, wie es nur von Frauen erwartet werden kann.

1587, als Königin Elisabeth I., die ganz entgegen Machiavelli mehr durch Liebe als durch Angst regierte, fünfundfünfzig Jahre alt war, ging sie in die Offensive – zum ersten Mal im Verlauf ihrer Regierungszeit. Bisher war das Zusammenleben mit ihren Nachbarn immer friedlich verlaufen. Das war auch der Grund für ihre ungeheure Popularität: dreißig Jahre lang lebte England in Frieden, während halb Europa in Flammen aufging – und das bedeutete auch geringe Steuern bei zunehmendem Wohlstand und Bevölkerungswachstum. So wie Edith Wharton schockiert war von den Seitensprüngen Fullertons, so war

Elisabeth I. schockiert über das Auftauchen der spanischen Flotte des Königs Philipp in englischen Gewässern. Zunächst einmal musste sie sich und ihr Land von der hartnäckigen Überzeugung befreien, dass Philipp zur Räson gebracht werden könnte. Doch dann griff sie an. Zwei strategische Möglichkeiten standen zur Auswahl: Sie konnte Spanien aus der Entfernung angreifen, indem sie in seinen Kolonien zuschlug. Oder sie konnte den spanischen König an seiner empfindlichsten Stelle treffen, indem sie seine mit Reichtümern beladene Flotte in offenen Gewässern angriff – so nahe an Spanien, dass es ihn empfindlich treffen würde.

Elisabeth I. entschied sich für die zweite Lösung und ging zum Angriff über. Den Gegner an der empfindlichsten Stelle zu treffen bedeutete hier, eine Invasion (einen Angriff) zu verhindern, ehe die gegnerische Flotte Segel setzen konnte.

In die Offensive zu gehen ist eine gebräuchliche Taktik älterer Frauen. Sie unterscheidet sich von Taktiken der Jugend, die immer nur auf Widerstände reagiert.

Halten Sie Emotionen und Triumph zurück. Sich aus extremen Situationen herauszuhalten bedeutet, gefühllos zu sein.

Wenn Sie Emotionen empfinden, dann tun Sie genau das Gegenteil.

Emotionen werden Sie von dem abhalten, was getan werden muss. Sie werden ohne jeden Ballast kämpfen können, wenn Sie sich von jeglichem Gefühl befreien. »Ohne Emotion« zu sein ist für die meisten Frauen Terra incognita, was die Sache so besonders verführerisch macht.

Wenn Sie Sympathien für einen blöden Idioten empfinden, dann belegen Sie ihn mit Verachtung. Klingt er ernst, dann wischen Sie ihn mit einem »Mein Lieber, Sie sind solch ein Witzbold« beiseite. Schon bald werden Sie an den Punkt kommen, wo seine Verteidigung zusammenbricht oder Sie seinen Respekt gewinnen.

Nehmen Sie Ihrem Gegner alles, und er wird Ihnen alles geben, was Sie wollen.

Ignorieren Sie ihn, und Sie werden zig Ausbrüche erleben, inklusive selbstmitleidiger Schluchzer, Entschuldigungen und Bitten um Verzeihung. Feinde, die scheinbar einlenken, appellieren an Ihre Gefühle: Haben sie erst einmal Ihr Mitleid gewonnen, dann ist ihnen der Sieg sicher. Senden Sie dagegen eine Botschaft aus, die die Aufmerksamkeit auf das lenkt, was Sie tun: »Ich habe nicht vor, auf Ihre traurigen, selbstmitleidigen Botschaften zu reagieren«, was natürlich schon eine Reaktion ist, aber eine bewusste.

Behandeln Sie Ihren Gegner mit ätzender Schärfe, und lassen Sie ihn wissen, dass er seine Meisterin gefunden hat.

Wut ist wie Pfeffer an einem Salat. Benutzen Sie ihn. Zeigen Sie, dass Sie bereit, willens und imstande sind, die gereizte Auseinandersetzung fortzuführen. Entweder wird Ihr Gegner den Köder schlucken und begreifen, dass das wirklich eine Herausforderung ist; dann wird der Angriff sich zu einer Art von Auseinandersetzung à la Spencer Tracy versus Katharine Hepburn wandeln, Ihnen womöglich Spaß machen und Ihren Hass in Bewunderung wenden. Oder Ihr Gegner wird ganz aus dem Spiel aussteigen und ein neues Opfer finden, oder er wird feststellen, dass das üble Spiel ihn ganz schön angestrengt hat.

Eine Frau braucht echte Macht, um vom Willen, konsequent zu handeln und damit Dinge zum Abschluss zu bringen, zu einer neuen Haltung zu gelangen, die mehr an Kontinuität interessiert ist; statt der Fixierung auf Happyends und endgültige Lösungen also – die Freiheit.

Lassen Sie alle Hoffnung auf endgültige Lösungen fahren. Ein Ende bedeutet nicht immer den Sieg.

Hassen und warten ist eine neue Art des Geschichtenerzählens. Eine neue Stimme mit erzählerischer Macht, die Ereignisse formen und Sinn vermeiden kann. Sinn ist, wie wir sehen werden, nicht immer sinnvoll.

Frauen haben in ihrem Leben zu viel beigelegt. Der Trost darin, dass eine Sache zu Ende und ins Reine gebracht ist, ist die Selbst-Täuschung eines passiven Lebens. Aber die königlichen Frauen, die hassen und warten, sind nicht passiv. Erst wenn es keine Hoffnung auf Beilegung einer Sache mehr gibt, beginnt für die Frauen das Abenteuer. Kämpfe, die beigelegt sind, haben nur im Liebesroman oder für Tagträumer etwas Tröstliches, nicht aber im Leben.

Nur wenn wir das Gefühl haben, dass unsere größte Macht im Nein-Sagen besteht, mag das ein Grund sein, etwas zum Abschluss zu bringen. Streitigkeiten beizulegen erscheint so zufriedenstellend, weil wir damit den Zweifel bekämpfen: heirate ihn oder verlasse ihn. Zweifel wirkt auf die jungen Leute sehr lähmend, doch im späteren Leben bedeutet er den Anfang der Weisheit. Zweifel ist eine Grundvoraussetzung für Offenheit.

Das Gegenteil von Abschluss ist Offenlegen oder Entdecken. Wenn Sie nicht vom Abschluss »eingeschlossen« wer-

den, werden Sie sich selbständig fühlen und zugleich verbunden, frei und zugleich geerdet. Sie werden die Unabhängigkeit und die Vitalität eines offenen Lebens empfinden
– ohne auf einen hingebungsvollen Partner und viele Bewunderer (und Kritiker) verzichten zu müssen.

*Wer im reifen Leben ankommt, der richtet sich nicht neu ein,
sondern ordnet nur neu, was schon da ist.*

Geben Sie Ihrem Bedürfnis nach Beenden einer Geschichte nicht nach – so wie Sie es immer tun, wenn Sie erlittene
Verluste und Schmerzen umdefinieren zu einer Geschichte
von Klarheit, Freude und Spiel.

Sagen Sie Ihren Kritikern: »Ihr könnt alles zu mir sagen.
Ein Schlag von euch wird mir immer wie eine Liebkosung
sein.« Wenn Sie einmal Ihre Stärke bewiesen haben, dann
wird ein Schlag in der Tat immer zärtlich sein – man kann
Sie nicht verletzen oder zwingen.

Das zu ordnen, was da ist, und es nicht eilig zu Ende zu
bringen, befördert eine versteckte Wahrheit an die Oberfläche. Man kann über die Teufel der Zeit lachen. Seien Sie
erfinderisch – das ist das Privileg der Überlebenden. Experimente stärken den Experimentierenden.

Und jetzt wollen wir die Mona Lisa, unseren Zauberspiegel, wieder in ihren Rahmen setzen – bewundert und
die bewundernd, die sich vor ihr versammeln.

Taktik Nummer 8

Erlauben Sie anderen emotionale Auszeiten.
Erlauben Sie ihnen, Wut und Trauer zu fühlen und
den sogenannten gesunden Menschenverstand
für eine Weile zu vergessen. Die Stimme der
weiblichen Würde verlangt nicht nach Vernunft,
sondern nach einer neuen Sicht der Dinge.

*E*in Attribut, das Fürsten und Fürstinnen von Königen und Königinnen wirklich unterscheidet und das sogar die gereifte Führungsperson von der rechtmäßig gewählten unterscheidet, ist der edelsteinartige Farbton der Ehrfurcht, den man bei Antiquitäten und Kunst Patina nennt. Bei Menschen heißt er Würde und bezeichnet die Sichtbarkeit der Seele im Körper. Das Vorhandensein dieser Patina weist auf eine lange Geschichte und eine weit ausgedehnte Zukunft hin. Die Mona Lisa ist so gemalt worden, dass aus vielen Schichten staubigen Lacks ihre Würde sichtbar wird. Der Ruß der Jahre hat ihr Gesicht weiter verdunkelt. Selbst wenn sie völlig mit Schmutz überzogen wäre, würden sich die Massen weiter um sie versammeln und noch intensiver auf ihr Bildnis starren, um zu sehen, welche Spuren aus dem alten Gesicht herauszulesen sind.

Würde ist die Sichtbarkeit des Alters auf einem menschlichen Meisterwerk. Sie suggeriert, dass der Mensch eine kunstvolle Kunstlosigkeit erlangt hat. Es ist die mühelose Kunst der geborenen Aristokratin, die nur wenigen Zwängen unterliegt: die Fähigkeit, ohne Anstrengung zu handeln, zu denken und zu reden, und der Unterschied zwischen clever und klug, loyal und nobel, verlässlich und priesterlich.

Würde ist bei Männern eine andere Eigenschaft als bei Frauen. Bei Männern bedeutet sie schweigende Eloquenz und eine Präsenz des Zorns oder des Zen – also Gewicht oder Leichtigkeit –, die von ihnen jeweils in großartige, verallgemeinernde Aussagen gepackt wird. Frauen werden brillante Komödiantinnen, großartige Lehrerinnen und sogar unwiderstehliche Hasserinnen. Aber sie erlangen Würde weder dadurch noch durch das Verkünden von pauschalen Sätzen. Männer beharren gern auf dem »Boden der Tatsachen« oder »der Ursache eines Krieges«. Sie entlassen regelmäßig gewitterartige Ausbrüche in die Atmosphäre, die den Zustand des Universums oder der Seele oder der Umwelt zum Gegenstand haben. Verallgemeinerungen, objektive Beurteilungen und heldenhafte Ansichten sind aber nicht der Schlüssel, mit dem Frauen in die auserlesenen innersten Kreise der Macht vordringen. Eine Frau kann zwar von ernsthaften Dingen sprechen, doch wird sie in den Tempeln der Macht immer nur so wirken wie die Fernsehmoderatorin Oprah Winfrey, die zwar großartig ist, aber nicht dieselbe unsterbliche Kraft besitzt wie Schopenhauer oder Bill Gates.

Und doch ist Würde unabdingbar. Möglicherweise gibt es durchaus Frauen, denen es an Würde fehlt und die dennoch für die Präsidentschaft einer Nation nominiert, für eineVorstandsriege vorgeschlagen oder für die Leitung eines Orchesters in Betracht gezogen werden. Doch nur eine Frau *mit* Würde wird auch erfolgreich gewählt werden.

Es genügt nicht, einfach nur ein Publikum zu haben. Eine wichtige Moderatorin mit Millionen von Fernsehfans wird immer noch als Leichtgewicht abgewiesen werden. Auch eine laute und kraftvolle Stimme reicht nicht aus. Die Journalistin Oriana Fallaci hatte eine der lautesten Stimmen, die man sich vorstellen kann, doch sie wirkte so inspirierend wie ein Hammer, der auf einen Daumen geschlagen wird, wenn sie ihre Thesen verkündete. Alles, was sie sagte, stimmte: dass man im Alter nichts zu verlieren habe und dass sie nun sagen könne, was sie wolle. Aber obwohl alles, was sie sagte, richtig war, besaß es keine Würde wegen des keifenden Tons, in dem sie das äußerte. Dieser Ton war das entscheidende Quentchen, das ihr anWürde fehlte.

Unter zwanzig Komödiantinnen gibt es *eine* reife Stimme, die es schafft, die verallgemeinernden Aussagen mit genau dem richtigen Tonfall unterzubringen, so dass die Mächtigen aufhorchen. Zum Beispiel spricht die Journalistin und Kommentatorin Barbara Ehrenreich die Macht direkt an und sagt die Wahrheit. Sie ist eine Seltenheit in einer Kultur, in der jeder grüne Junge nach seiner Meinung zu den großen Themen Krieg, Politik, Wirtschaft und Zukunft gefragt wird. Denn Ehrenreich widmet sich den Männer-Themen Politik und Wirtschaft aus einer Underdog-Perspektive und tut dabei etwas, was Männer nicht tun: Sie nimmt am Leben derer, über die sie berichtet, Anteil. Ihr Buch *Arbeit poor. Unterwegs in der Dienstleistungsgesellschaft*, das sie undercover recherchiert hat, wurde zu einem Prüfstein der öffentlichen Debatte, die in Los Angeles ihren Anfang nahm und dann in eine politische Bewegung zur Heraufsetzung des Mindestlohns per Gesetzesbeschluss mündete. Nur wenige Frauen erlangen dieses Maß an gesellschaftlicher Anerkennung, doch im Alter wünschen Frauen sich die eigene Einflussnahme auf die Staatsmacht.

Ehrenreich ist eine der wenigen, die sich mit ihrer Stimme Respekt verschaffen konnte, ohne dem üblichen Werdegang der komischen Heldin zu folgen. Für eine Frau, die den Duft der Komödie benutzt hat, um andere zu betören, und die sich eine direktere Stimme in öffentlichen Angelegenheiten wünscht, bietet sich folgende taktische Lösung an:

Fangen Sie mit Ihrem eigenen Tod an.

Um allgemeine Aussagen zu treffen und von Krieg und der Wirtschaft und all den anderen höchst wichtigen Dingen zu sprechen, muss man aufhören, sich als Clown betrachten zu lassen. Das komische Heldentum, das Ihnen bis zu einem bestimmten Punkt Macht verlieh, muss früher oder später ein Ende haben.

Die reife Frau muss nun sozusagen ihren eigenen Tod auf die Bühne bringen. Tote haben nämlich die Größe, alles sagen zu können. Mit Tod meinen wir eine Geschichte des Verlusts; den Verlust eines Menschen, des Arbeitsplatzes oder des gesellschaftlichen Standes. Jackie Kennedy erklärte dem Journalisten William Manchester, dass von ihr nie jemand etwas Böses annehmen würde, weil sie so viel gelitten habe. Schon bald nachdem der Skandal um Monica Lewinsky in die Schlagzeilen geraten war, feierte man

Hillary Clinton, immer noch im tödlichen Griff der Schande, mit Standing Ovations, als sie ganz einfach die Bühne des angesehenen und hauptsächlich von Männern besuchten World Economic Forum in Davos betrat. Es ist auch nicht schlecht, die Asche eines alten Lebens dabeizuhaben, als würde man vom Tod selbst zurückkehren, so wie Inanna. Auch eine Konversion ist eine Art von Tod: Wenn man eine alte Ansicht aufgibt und eine andere annimmt, wird man jemand anders. Machen Sie diese Tode zum Teil Ihrer Geschichte, zum Teil Ihrer öffentlichen Identität, und Sie werden an Würde gewinnen.

Ein Tod kann auch einen Rückzug aus dem öffentlichen Leben bedeuten. Die texanische Senatorin Barbara Jordan verließ den Senat im Alter von fünfundvierzig Jahren und fand dadurch eine neue Art eigener Macht. Sie erkannte mit vierzig, dass ihre Jugend als Zeit der Aufwärtsspirale vorbei und sie nun in der Lage war, in eine andere Richtung zu schauen.

Machen Sie viel aus Ihren Verlusten, dann werden Sie zur Aristokratin. Was den meisten Menschen noch bevorsteht, haben Sie bereits erfahren – ein Verlust oder eine schlimme Angst, die Sie durchlitten haben. Sie haben Ihr Trauma bereits erlebt, und das unterscheidet Sie von den anderen.

Ihre Botschaft ist der Verlust. Er unterscheidet Sie von Männern und von der Jugend, die immer nur den Sieger aufs Podest stellen.

Die letzten Worte der Philosophin Hannah Arendt, die man an ihrem Todestag in ihrer Schreibmaschine fand, waren von Cato dem Älteren: »Der Sieg erfreut die Götter, der Verlust den Cato.« Der Verlust erfreute auch Arendt. Sie plädierte für eine Sühne der schrecklichen Verbrechen gegen die Menschlichkeit, die der Nazi-Kommandant Adolf Eichmann begangen hatte, und berichtete von 1961 an über seinen Prozess wegen Mordes in fünfzehn Fällen. Ihr Satz von der »Banalität des Bösen« definierte eine neue Art der politischen Debatte. Die Arbeit als Journalistin war neu für Arendt, ein Experiment für die damals Fünfundvierzigjährige. Sie ging es mit Frische, Kraft und Mut an und dachte nichts Geringeres, als dass ein Mörder, der als Erzfeind angesehen wurde, nicht böse war, sondern lediglich ein »schier gedankenloser« Bürokrat, der in einem bösen System, dem Dritten Reich, Befehle befolgte. Hannah Arendt etablierte sich als Denkerin, um deren Ideen man nicht herumkam. Für Frauen im reifen Alter erweist sich Verlust als Sieg.

Wie Sie andere dazu bringen, Ihren Traum noch einmal zu träumen

Die Würde der Männer ist nüchtern, distanziert und nobel; typisch ist auch das übertriebene Vokabular von moralischem oder spirituellem Führungsanspruch. Die trockensten Knochen unter den Männern, die überhaupt keine emotionale Kompetenz besitzen, vermenschlichen und veredeln sich selbst, indem sie Begriffe wie »Berufung«, »Ziel«, »Ruhe«, »Charakter« und »Stärke« verwenden. Der Gebrauch solcher Worte über eine andere Person oder Situation fällt immer auf den männlichen Redner zurück. Ein Mann, der sie gebraucht, wird als ein Mensch mit Zielsetzungen, Charakter, Stärke und so weiter angesehen. Er sonnt sich im gespiegelten Glanz dieser Worte und erlangt auf diese Weise Würde. Dagegen würde eine Frau, die solch heldenhafte Phrasen aus dem ehrwürdigen Vokabular der klassischen Tragödie benutzte, nur hohl und halbherzig wirken und eben nicht wie »dafür geboren«.

Die Stimme *weiblicher* Würde liegt eher auf der Grenze zwischen den eigenen oder komischen Wurzeln der Frauen und ihrem Extrem: einer gewissen exotischen Seriosität. Die Stimme weiblicher Würde soll andere zu dionysischen, wilden und ungezügelten Impulsen inspirieren. Weibliche Würde soll das heimliche Sehnen der Menschen befriedigen (das sonst unterdrückt oder sublimiert wird), in Wut oder Zorn außer Kontrolle zu geraten. Doch vor allem erzeugt eine Frau, um Würde zu erlangen, ein Gefühl der Schande.

Die Hohepriesterin der Würde, Harriet Beecher Stowe, ließ alle Vorsicht beiseite und machte Freiheit und Gerechtigkeit zu ihrem Anliegen; Verluste verwandelte sie so in einen Sieg. Ihre Ansichten, die sie in dem Roman *Onkel Toms Hütte* zusammenfasste, in den Jahren 1851 und 1852 als Fortsetzungsroman veröffentlicht, sind ein Lehrstück dafür, wie eine reife weibliche Stimme sich Würde aneignet.

Um Macht direkt anzusprechen, fangen Sie am besten damit an, von Leid oder Schmerzen zu erzählen. Aber gehen Sie ruhig noch weiter, gehen Sie andern an den Lebensnerv und erwecken ihr Mitgefühl durch großzügig dosierte eindringliche Sentimentalitäten. Würdevolle Frauen geben Bekenntnisse voller ekstatischer Gefühle ab, und zwar Gefühle, die nicht trocken präsentiert werden, sondern prophetisch, andere in Bann schlagend. Barbara Jordan, frischgebackene Senatorin von Texas, eröffnete ihre Rede zur öffentlichen Anklage gegen Richard Nixon, indem sie ihre Zuhörer daran erinnerte, dass in das Wort aus der Verfassung »Wir, das Volk« weniger als hundert Jahre zuvor sie selbst – eine schwarze Frau – noch nicht eingeschlossen war. Diese Tatsache, ein Verlust für sie, drückte sie in einer rationalen Argumentation über die gesetzgebende Verfassung aus, und ihre Leidenschaft wirkte dabei noch intensiver und mitreißender, weil sie über ihren eigenen Verlust sprach. Jordan hielt diese Rede als eine unbekannte Abgeordnete im Senat um zwei Uhr nachts. Eigentlich hätte das unbemerkt bleiben müssen. Stattdessen machte sie Schlagzeilen und gewann eine nationale Plattform für ihre Ideen. Das Gefühl der Schuld der Weißen gegenüber den Schwarzen, das sie auf diese Weise weckte, ist bis heute wirksam.

Frauen sollten nicht bloß Meinungen aussprechen, wenn sie gehört werden wollen. Vielmehr müssen sie ganz anders als Männer und die Jugend erzählen, um Scham hervorzurufen: es müssen Geschichten von epischer Breite sein. Das ist die Methode, wie eine Frau durch die vierte Mauer der Zeit zu schlüpfen vermag: Sie muss Fremde dazu bringen, innezuhalten und ihr zuzuhören und die Dringlichkeit in der Stimme der Frauen auszuhalten. Harriet Beecher Stowe schrieb nicht nur einen großen amerikanischen Roman, sondern sie schrieb den größten amerikanischen Roman überhaupt, wenn man bedenkt, dass ihre Arbeit, ebenso wie die Unabhängigkeitserklärung und die Verfassung, die ganze Nation veränderte. Heute wird sie in Schulen nur noch selten gelesen, denn sie hat nicht persönliche Härte an den Tag gelegt wie Hemingway, Mark Twain oder all die anderen sogenannten amerikanischen Meister, deren Arbeiten die Lektürelisten der Schulen dominieren. Beecher Stowe hat einfach nur das Schicksal einer Nation verwandelt.

Beecher Stowes Botschaft: Man muss die Schande bezeugen.

Präsident Abraham Lincoln nannte sie »die kleine Frau, die einen großen Krieg ins Rollen brachte«. Sie schaffte, was nicht einmal Lincoln gelungen war. Millionen von Menschen lasen *Onkel Toms Hütte* mit Tränen, Schock, Wut und Schuldgefühlen für das, was sie in epischer Breite über die Sklaverei ausführte. Sie stachelte die Menschen an, einen Krieg gegen die Sklaverei zu führen. Sie veränderte das Denken der Menschen. Das ist Würde.

Die Stimmen von Frauen verändern vielleicht das Leben von Frauen, doch fast niemals schreiben Frauen die Agenda von Himmel und Erde neu. Harriet Beecher Stowe veränderte immerhin den Begriff von persönlichem Engagement, und sie tat es mit der Stimme einer Frau. Die Ansichten, die sie vertrat, vertrat sie für andere, doch sprach sie auch für sich selbst. Als sie *Onkel Toms Hütte* schrieb, hatte sie mit vielen Unsicherheiten zu kämpfen: Sie hatte Angst vor dem Altwerden, meinte, nicht schön zu sein, und sah sich nicht imstande, auf ihre Kinder aufzupassen und sie zu beschützen (einer ihrer Lieblingssöhne wurde Alkoholiker und sie verlor ihn aus den Augen). Sie fürchtete, ihre Stimme werde weder innerhalb ihrer Familie noch bei anderen Menschen, für die sie von ihren Erfahrungen berichtete, gehört werden. Indem sie ihre eigenen Schamgefühle aussprach, konnten die Menschen,

die ebenso empfanden, sich in ihren Worten wiederfinden.

Beecher Stowe war schamlos, und das machte sie zu der
richtigen Person, die Scham einer Nation zu formulieren.
Sie manipulierte ihre Zuhörer, und das war notwendig. Sie
gewann die Aufmerksamkeit der Massen, indem sie sich
große Themen auswählte – Sklaverei, Ungerechtigkeit –
und sie in ihrer Geschichte und ihren Ansichten auf ge-
fühlvolle Weise wiedergab. Sie konzentrierte sich auf senti-
mentale Figuren, extreme Schicksalsschläge, Geschichten,
die Wut und Tränen hervorriefen: all die Dinge, die Männer zu vermeiden suchen. Beecher Stowe beweinte den
Tod ihres Babys, als ob sie selbst eine Sklavin wäre. In einer
patriarchalen Kultur war ihr zwar nur wenig eigene Meinung erlaubt, doch stritt sie mit einem patriarchalischen
Gott, der wie der schlimmste Sklavenhalter Kinder aus den
Armen ihrer Mütter riss oder sie in den Krieg schickte.
Doch anstatt ihre Erfahrungen zu personalisieren, entper-
sonalisierte sie sich selbst und bezeichnete ihre Verwun-
dungen als die der Nation.

Sie war schamlos, indem sie Tränen nicht durch ruhige
Reflexion provozierte (wie Aristoteles es von der reinen
Tragödie verlangt, wo die Distanz die Kraft der Handlung
erhöhen soll), sondern durch Mitleid und Entsetzen, indem sie extreme Situationen schilderte, in denen Raub
und Gewalt, aber auch Liebe und Vergebung im Vorder-
grund standen.

Um andere dazu zu bringen, ihre eigenen Träume nach-
zuträumen, muss eine Frau vor allem von der Sache sprechen und nur manchmal von sich selbst. Wenn sie einige
unumstößliche Prinzipien entwickelt und mitteilt, werden

innere und äußere Kräfte miteinander verschmelzen. Zur Charakterisierung einer ganzen und reifen Frau genügen wenige sehr alte Worte: Begriffe wie Wahrheit, Tugend oder Ehrlichkeit. Wenn wir einmal alt sind, werden unsere politischen und gesellschaftlichen Entscheidungen diese Charakterzüge widerspiegeln.

Doch eine Frau muss diese Worte nicht nur sagen, sie muss sie förmlich herausschleudern und Menschen mit dem Gefühl dieser Worte überschwemmen. Barbara Jordan machte ihre Zuhörer glauben, dass Winston Churchill eine Wiedergeburt als schwarze texanische Frau erfahren habe. Was die Leute so erstaunte, war Jordans wütendes Beharren darauf, dass Gerechtigkeit nicht nur für die Reichen und Mächtigen geschaffen sei. Als sie älter wurde, reifte Jordans Redeweise – wie die der Sophisten Griechenlands im fünften Jahrhundert, den Erfindern der Rhetorikregeln. Aus der Form dramatischer Darstellung wurde eine Methode, Beweise und Belege zu ordnen, um Wahrheit zu verbreiten und andere in die Krise hineinzuversetzen. Bei Jordans wirkungsvollsten Reden spürten die Zuhörer, dass sie hier wirklich die Essenz der Wahrheit vernahmen, und zwar nicht von oben herab, sondern aus ihrer Mitte. Durch die Kraft der Emotion wurden die Zuhörer für eine Weile in bessere Menschen verwandelt und oft auch mit der Erkenntnis ihrer eigenen Unzulänglichkeit konfrontiert.

Die Stimme der weiblichen Würde will nicht, dass wir streiten, sondern dass wir die Dinge neu sehen. Wenn eine solche Stimme die Menschen zum Weinen bringt, dann geschieht das nur zum Guten. Auch die männliche Idealvorstellung, dass Kunst, Ideen und Pläne distanziert und kontrolliert betrachtet werden müssen, wird von der

Schlagkraft der weiblichen Stimme durchbohrt. Wenn diese Stimme uns zum Handeln bewegt, dann ist das ein ungeheurer Akt der Würde.

Weibliche Würde wird der Elite nicht gefallen und bei den Menschen, die intellektuelle Blätter wie die *New York Times*, den *New Yorker* oder die *New Republic* lesen, nichts ausrichten. Dort wird man sie für unelegant halten. Aber sie wird die öffentliche Meinung außerhalb der Zentren der Macht bewegen und sich dadurch letztlich auch im Innern dieser Zentren Respekt verschaffen. Gefühle und Ekstasen durchbrechen die Barrikaden der Vernunft.

Die uneleganten Themen der Harriet Beecher Stowe waren Sex und Gewalt, verbunden mit Liebe und Vergebung. Darin war alles enthalten: es entlockte den Menschen Tränen. Die Leute wollen zu Tränen gerührt werden und das menschliche Leiden verstehen und damit verbunden sein. Beecher Stowe verlangte Opfer von den Amerikanern, und die gaben dafür ihr Leben, und zwar zu Millionen.

Frauen fragen eine priesterliche Frau oft: »Was ist es, was die Leute dazu bringt, Ihnen Aufmerksamkeit zu schenken?« Die Antwort lautet immer: »Sie sind von der sehr menschlichen Sehnsucht geleitet, befreit zu werden für Gefühle und Opfer.«

Glaubt man Harriet Beecher Stowe oder Hannah Arendt, so wird niemand geschont. Wir werden sehen, dass eine Frau alle in ihre Analyse von Ungerechtigkeit einbezieht; in solchen Geschichten gibt es kein Gut und Böse. Alle Menschen teilen sich die Schuld.

Weibliche Würde ist nicht die der harten Heldin, die sich in der Welt bewähren muss, sondern der Person, die still dasitzt und beobachtet, was um sie herum geschieht, und in der Schande die Größe findet.

Jeder, der das Reich der Mütter betreten will, weiß, dass Opfer möglich und notwendig sind. Es ist ein grundlegender weiblicher Mythos, dass jede lebendige Person sich der Mutter Erde ultimativ opfern muss. Irgendwann muss man wieder zu Staub werden. Das Opfer, zu dem die Mütter – und Beecher Stowe ist die Verkörperung davon – aufrufen, bedeutet den Zuhörerinnen, sich von den Fesseln ihrer eigenen Grenzen zu befreien. Um die Lebendigkeit von Kleopatra zu erfahren, musste der römische General Antonius sie zum Beispiel nicht nur lieben, sondern sich ihr unterwerfen. Er musste seine aufdringliche Männlichkeit den Freuden der weiblichen Welt unterwerfen, während er gleichzeitig das Reich Cäsars kontrollierte. Als sich Nathaniel Branden mit Ayn Rand einließ, wurde ihm von Anfang an klargemacht, dass ihre Beziehung erotisch sein würde – oder gar nicht, was bedeutete, dass er seine junge Ehe aufs Spiel setzen musste. Beecher Stowe forderte von den Amerikanern Opfer, um zu zeigen, dass sie in ihrer Urteilskraft und ihrem Verhalten besser waren, und so die Schande einer Nation zu verringern. Ein Opfer zu fordern schafft eine neue Vision und begründet die Würde einer Frau.

Beecher Stowe tut aber noch etwas, was typisch ist für Meisterinnen weiblicher Würde. Sie nimmt uns mit in die Schaltzentrale der weiblichen Macht, indem sie Bilder von Räumen hervorruft, die bestechend weiblich sind. Zum Beispiel erinnert sie uns daran, dass Mutter Afrika die

Heimat der Sklaven war. Auch Kleopatra machte aus ihrem Palast in Ägypten einen sinnlichen Ort, der im Gegensatz zu Rom mit seinen Gesetzen und seiner Ernsthaftigkeit stand.

Die weibliche Stimme mag wütend und exotisch sein, doch sie sollte Bescheidung anmahnen. Weibliche Würde ist mit vielen Bildern häuslicher Bereiche und deren Opfern verbunden.

Wir machen uns nicht klar, wie viel Zeit die Menschen gewöhnlich in ihren Heimen verbringen. Wir setzen uns Abend für Abend in diesen Räumen vor unserem Fernsehapparat zusammen, Räumen, in denen Sitcoms und Fernsehdramen stattfinden, die uns fast nie aus ihrem Raum mit hinausnehmen. In diesen Räumen streiten sich Männer und Frauen, reißen Witze und offenbaren ihre Schande, ob es nun um Liebe geht oder um das Familienleben oder die Angst vor der Zukunft. Die Tagwelt widmet sich der Politik, doch die nächtliche Fernsehwelt ist ein riesiges Haus mit vielen Räumen. Es ist ein Akt weiblicher Würde, zu zeigen, dass die Politik von dem umrahmt ist, was hier geschieht, und alle daran zu erinnern, dass Mütter und Väter auch Suchende und Schützende sind. Welches Thema man auch immer zu seinem gemacht hat, welcher Art die Debatte ist und wie die eigene Position darin – wenn man öffentlich macht, was in diesen Räumen geschieht, verleiht man der eigenen Idee oder Meinung Gewicht. Wenn man sich auf einen weiblichen Zugang zu diesen Geschehnissen über Sympathie und Begeisterung konzentriert, wenn man zeigt, was in den Häusern geschieht, und man damit auf die größeren Zusammenhänge verweist, dann lädt man andere in das Reich der Mütter ein.

Die dionysische Befreiung von der Schande: damit sollen Men-
schen Ihre Botschaft als Mythos verstehen lernen, nicht als Be-
obachtung oder Geschichtenerzählen.
Harriet Beecher Stowe macht klar, dass sie die häusliche
Ader in uns allen anspricht – das Bedürfnis von Männern
und Frauen nach dem schneeweißen Tischtuch, nach den
Zimmern für Liebe und Sex, nach Nähe und danach, dass
die Verlierer am Ende gewinnen werden, wer oder was
auch immer das sein mag – üblicherweise ist es die Freiheit.

Kleopatra hat auch versucht, das Reich der Mütter
anderen zu öffnen, vor allem ihrem Liebhaber Antonius,
indem sie ihm eine alternative Welt zu dem Polizeistaat des
römischen Imperiums aufzeigte – den Rückzug in Gefühl
und Opfer:

>>*Nichts mehr als jeglich Weib, und untertan*
So armem Schmerz, als jede Magd, die melkt
Und niedern Hausdienst tut. Nun könnt' ich gleich
Mein Szepter auf die neid'schen Götter schleudern,
Und rufen, diese Welt glich' ihrer ganz,
Bis sie gestohlen unsern Diamant!
Nichtsnutzig alles jetzt!
Geduld ist läppisch, Ungeduld ziemt nur
Den tollgewordnen Hunden! Ist's denn Sünde,
Zu stürmen ins geheime Haus des Todes,
Eh' Tod zu uns sich wagt? Was macht ihr, Mädchen?
Was, was? getrost! Wie geht dir's Charmion?
Ihr edlen Dirnen! Ach! – Seht, Weiber, seht,
Unsre Leucht' erlosch, ist aus! Seid herzhaft, Kinder:
Begraben woll'n wir ihn: was groß, was edel,

Vollziehn wir dann nach hoher Römer Art.
Stolz sei der Tod, uns zu empfangen! Kommt,
Dies Haus des Riesengeistes ist nun kalt!
Ach Mädchen, Mädchen, kommt! In dieser Not
Blieb uns kein Freund, als Mut und schneller Tod.«

Kleopatra bezeichnet sich selbst als »Frau« – als eine ihrer Art, und sie tut dies sehr bescheiden. Ihre Worte sind eine bewusste Hinführung zum Reich der Mütter, wo sich alles zwischen den Extremen Leben und Tod abspielt: Geduld und Ungeduld, Götterchöre und menschliche Not. Alle Lektionen großer Frauen beinhalten Leben und Tod. Kleopatras Dienerinnen Iras und Charmion sind von ihrer Rede tief bewegt. Dabei tut die Pharaonin etwas, was wir alle tun müssen: Sie versetzt sich selbst in eine so außergewöhnliche Erregung, dass die Wirkung selbst eine zusätzliche ästhetische Anmut erhält.

Obwohl die weibliche Würde weit reicht und sich mit den größten menschlichen Problemen auseinandersetzt und obwohl der Tonfall wild dionysisch ist, ist die Sprache doch bescheiden, wie ein Gebet, als würde man in einem Gespräch mit dem höchstmöglichen Gesprächspartner um etwas bitten. Als würde alles an Gott gerichtet sein. Das Gefühl, dass die Welt Ihnen zuhört, macht Sie sowohl groß als auch klein. Es »entselbstet« das Selbst.

Harriet Beecher Stowe behauptete, *Onkel Tom* sei von Gott geschrieben worden. Erst später im Leben, als sie versuchte, etwas in verallgemeinernden Aussagen zu schreiben und die Haltung männlicher Würde anzunehmen, scheiterte sie aufs übelste und klang plötzlich wie eine aufgeblasene Zicke.

Ob man sich selbst in den Zustand der Bewegtheit versetzt, hängt davon ab, ob man an die verlorene Sache glaubt. Sentimentalität darf einem dabei nicht peinlich sein, und noch etwas ist wichtig: Man muss so leben, als würde es im ganzen Leben nur um ein Vermächtnis gehen – um Ihre Gegenwart in Ihrer Abwesenheit.

Machen Sie sich keine Gedanken um Ihr Vermächtnis, sondern schaffen Sie Größe aus kleinen Akten der Hilfsbereitschaft und aus dem Gefühl, Teil eines Netzes von Menschen zu sein, denen man zutraut, dass sie mehr leisten. Ob man etwas vererbt oder sein Schicksal ganz auslebt, das hat nichts mit Reichtum oder Stand zu tun. Es bedeutet, Menschen zu schönen Handlungen anzuregen, große Dinge bescheiden zu tun und bescheidene Arbeit erhaben. Entscheidend ist zu wissen, dass Sie solche Dinge unausgesetzt tun, mit keiner anderen Gewissheit, als dass manches davon bleiben wird. Das bedeutet ganz einfach, dass Sie Ihr Leben in der Zuversicht leben, dass auch die weltlichsten Dinge Kreise ziehen und zu einer Kraft werden können. Eine Frau hört (oft Jahre später), dass etwas, das sie getan und längst vergessen hat, für jemand anders von Bedeutung war.

Begreifen Sie, wie viel Einfluss Sie bereits gehabt haben, dann werden Sie auch imstande sein, die Zukunft anzugehen. Und die Zukunft wird wunderbar aufregend sein, wenn Sie sich erst einmal von den negativen Einflüssen befreit haben.

Es schränkt ein, sich von der Geschichte entfernt zu fühlen und kein Gefühl mehr für die eigene Geschichte zu haben. Das verkleinert alles, was man tut, und macht das Leben so vergänglich.

Frauen sollten auf jeden Fall ein Gefühl für ihre Familiendynastie und ihren Ort in der Zeit bewahren – wie sollen sie sonst ihre Rolle als Mütter, Schwestern, Liebende und Geliebte wahrnehmen? Ohne ein Gefühl für Geschichte geschieht all ihre nährende Kraft auf der untersten Ebene, und sie können nicht zu den Dingen kommen, die zur Größe führen. In der Vergangenheit haben Frauen – und hier vor allem die Geschichtenerzählerinnen – ein Gefühl für Geschichte und Kontinuität gehabt. Wie konnten wir das bloß verlieren?

Taktik Nummer 9

Nähren Sie die Flamme Ihres Charismas,
denn alle, die vor Ihnen stehen,
möchten gern in Ihren Kreis eintreten.

Männer in der Midlife-Crisis kaufen Autos, Frauen gründen Organisationen – aus demselben Grund. Beide wollen den Kick, das Tempo, das aufsehenerregende Vergnügen, dorthin zu kommen, wohin sie wollen, und zwar möglichst elegant.

Die reife Frau bevorzugt als Form den Kreis. Wie im Lamborghini, kann man auch im Kreis schnell und eng um Kurven fahren, ohne dass sich die Insassen auch nur einen Zentimeter voneinander wegbewegen müssen. In einem Kreis oder Zirkel ist man augenblicklich mit den anderen, die man erreichen möchte, verbunden. Die Art von Zirkel, den reife Frauen bevorzugen, ist der Hof.

Unser Vorbild ist hier wieder Leonardo da Vincis Bildnis. Wer immer vor der Mona Lisa steht, tritt in ihren Zirkel ein. Das Gemälde schafft eine Blase um sich herum, und viele, die von ihr angezogen werden, tauchen ihr ganzes Leben nicht wieder auf. Sie werden sich immer daran erinnern, wie es war, sie zu sehen, und was das mit ihnen gemacht hat. Eine Frau vermag Strukturen zu kreieren, die dazu geschaffen sind, andere in ihre Ziele, ihre Präsenz und ihre Würde einzubinden.

Nichts ist erotischer als eine Frau, die im Zentrum eines Hofes sitzt und von Zustimmung umgeben ist – nicht auf die oberste Sprosse einer organisatorischen Leiter verbannt, wo sie allein und einsam ist. Für reife Frauen gibt es keine undurchlässigen Wände der Diskriminierung, wie sie den Aufstieg von Frauen in Wirtschaftsunternehmen verhindern. Vielleicht gab es sie ja nie, und nur die Unzulänglichkeiten und die Blindheit der Jugend haben uns glauben lassen, da wären welche.

Wie kann man nun solche Höfe ins Leben rufen?

Wenn die Frauen im Frankreich des siebzehnten Jahrhunderts von Schönheit und Jugend verlassen wurden, wenn ihre Ehen oder andere institutionelle Ersatzbeziehungen sie nicht befriedigten, dann verließen sie sich auf ihren ethischen Mut, um die Geschichte nach ihrem Bild zu formen. Sie schufen Salons, in denen Gespräche geführt und Freundschaften geschlossen wurden, Versammlungen leidenschaftlicher, aber nicht erotischer Liebe, in denen die Ideen von Freiheit und Revolution mit denen Athens zu Zeiten des Perikles konkurrierten – und die Welt veränderten. Von einem Speisesalon zum nächsten, die Wände jeweils mit dunkelroten oder blauen Damaststoffen und Vorhängen ausgekleidet, gab es einen Wechsel bei der Frau, die in der Mitte stand, doch der Kreis um sie blieb derselbe. Diese schönen Höfe belebten und demokratisierten die Welt vollkommener als irgendeine routinierte Form der Organisation.

Warum sollte man Langeweile aushalten, wenn man

doch gerade die Zeit bekämpft? George Eliot sagte, Frauen entwickelten aus Abneigung gegen alles Monotone eine instinktive Leichtigkeit, die sie alle Schwere zurückweisen lasse.

Frauen hängen nicht der Vorstellung an, dass alles für die Ewigkeit gebaut werden müsse und dass die besten Organisationen die seien, die es schon seit Ewigkeiten gebe. In Wirklichkeit haben alte Organisationen nämlich dieselben Charaktereigenschaften wie Küchenschaben und Dinosaurier: sie sind einfältig, mechanisch und entsetzlich unattraktiv – alles wie gehabt. Vielleicht verändern sie ihre Form, aber ihr Geist bleibt angefault. Für die Ziele und Ideen von Frauen sind solche Organisationen nicht geeignet.

Da sind die Gemeinschaften und Gruppen viel interessanter, die sich zusammenfinden, um mit neuen Ideen zu experimentieren. So gibt es die Fernsehküche von Julia Child, die eine Gemeinschaft um das Kochen schuf, und das Atelier von Chanel. Neben diesen Ikonen gibt es Katharine White, die zur hochgeschätzten Herausgeberin des *New Yorker* wurde – ihre Autoren bildeten ihre blühende Gemeinschaft. Barbara Epstein wiederum erwies sich als treibende Kraft des erfolgreichen und einflussreichen Magazins *New York Review of Books* – sie gab ihren Autoren und Kollegen das Gefühl, von ihrer Brillanz und ihrem Witz umarmt zu werden. Edith Wharton lud andere Schriftsteller in ihren Leseraum ein, um sich über Bücher auszutauschen. Das sind keine alten, müden Organisationen, bei denen es vor allem um die Selbsterhaltung des Systems geht, sondern Zirkel von höchst anregender Natur.

Höfe schaffen Platz für die seltsamsten Mitreisenden und machen aus ihnen nicht nur Kollegen, sondern Verwandte. Zirkel sind keineswegs dazu eingerichtet, von Dauer zu sein, doch sollten sie der Zeit gegenüber auf großzügige Weise gleichgültig sein. Sie formen sich und glänzen dann mit Einfluss, und dann vergehen sie wieder und lassen neue Verbindungen entstehen. Sie sind wie Seifenblasen − selbst wenn sie platzen, freut man sich noch an ihrer Erinnerung. Zirkel bieten die Möglichkeit, die Zeit neu zu erleben. Sie bilden eine Matrix, keinen Pfeil; einen Rastplatz, kein Sprungbrett in einen endlosen, wie auch immer gearteten Prozess. Wie Geschichten, so bestehen auch Zirkel, nur solange sie gebraucht werden. Dann werden sie neu erzählt oder neu gebildet.

Natürlich bleiben manche dieser Kreise durchaus bestehen, vor allem wenn jemand aus ihnen Satelliten aussendet, wie das St. Christopher's von Saunders, das zu einem Vorbild für Hospizpflege in der ganzen Welt geworden ist, oder wenn daraus eine größere Institution erwächst, wie der Markenname Chanel, der die Träume der Gründerin bei weitem übertraf.

Zirkel verdummen die Seele auch nicht, wie starre Organisationen es tun, und sie schleifen die Ecken und Kanten einer Persönlichkeit nicht so ab, wie Familien und Firmen es tun. Anstatt in einer Ansammlung von Wänden und Grenzen gefangen zu sein, lädt ein Zirkel dazu ein, zu verweilen. Architekten benutzen eher Kreise als Vierecke, um eine Verdichtung zu durchbrechen, Räume auszudehnen und um gegen Ermüdung oder Gewohnheit anzugehen. Kreisformen sind das Bild für bewusste Anpassungen, die bereits stattgefunden haben und selbst wieder Neues hervorbringen. Kreise überzeugen Sie und andere, dass Intuition stärker sein kann als Vernunft. Es sind Orte, so sicher wie ein Schoß und so verführerisch wie Labyrinthe.

Die Flamme nähren

So wie Königinnen Flotten in See stechen ließen und Landsleute in neue Länder schickten, um ihr Reich zu vergrößern, überlegen wir jetzt, wie wir Einfluss nehmen können über die Zeit und den Raum hinaus, die ein Gemälde berühren oder eine Stimme erreichen können.

Nur Königinnen hatten früher die Möglichkeiten und die Macht, so zu leben, wie Frauen es heute tun, in der Freiheit, ihre Umgebung selbst zu gestalten. In Frankreich zuckte 1170 der Geist einer Frau wie ein elektrischer Stromschlag durch die Kultur und machte die Dinge groß und phantasievoll, die anderswo als schwierig und abgehoben galten. Dieser Geist gehörte Eleanor von Aquitanien, die den Zirkel der Macht neu definierte.

Historiker behaupten, dass es niemals eine Kultur gegeben hat, die von Frauen dominiert wurde. Sie beharren darauf, dass Matriarchate nur in Mythen und Legenden existieren. Doch sie täuschen sich. Das Matriarchat lebt einfach nur an Orten, wo es keine Tonscherben hinterlassen kann: im Geist und im Herzen.

Eleanors Macht in ihren reifen Jahren war jenseits aller Beschreibung. Sie wies die typische Form der Macht zurück, die von ihrer Schwiegermutter, der *maîtresse femme* (der Meisterin der Frauen) Königin Mathilde, geprägt worden war. Mathilde hatte ihrem Sohn Regeln der Staats-

kunst nach der »Strategie des hungrigen Falken« beigebracht, was so viel bedeutete wie: Lass die Leute am
Preis schnuppern, aber nicht mehr. Große Erwartungen
sollten stets heruntergeschraubt werden. Vertraue nur
jemandem, der durch Scheitern hungrig geworden ist;
das macht es ihm unmöglich, jemals durch das Erreichte
Erfüllung zu finden, und er wird deshalb immer noch mehr
wollen.

Eleanor heiratete König Heinrich II. von England, den
Sohn von Mathilde. Als sich zu ihrer Wut, dem Verlust und
ihrer komischen Ader das Gefühl der Unabhängigkeit ge-
sellte, verwandelte sie die hässlichen Elemente dieser unmöglichen Herrscher-Philosophie in die eine Sache, nach
der wirklich jeder Mensch hungert und von der man immer noch mehr möchte: Liebe. Eleanors Plan sah vor, ge-
teilte Macht zu etwas Mythischem zu machen, zu einer
neuen Schöpfung: den Hof der Liebe. Das sollte ein Ort
sein, an dem die Zerstörung von Illusion eine Macht kre-
iert, die der Schöpfung gleicht. Solchen Plätzen sagt man
nach, dass sie Aufenthaltsorte des Teufels und der Zerstörung seien, aber in Wirklichkeit ist es die Natur, mit der sie
verbunden sind, die Kreativität ist und die größte Macht
überhaupt.

Eleanor floh vor Heinrich, ihrem machthungrigen Ehemann, den sie liebte, der aber von einer jungen Geliebten
verführt worden war. Mit achtundvierzig Jahren kehrte sie
mit ihren Kindern in ihre Heimatstadt Poitiers zurück und
wies das unerfreuliche Schicksal, dem sie scheinbar geweiht
war, zurück. Sie würde sich nicht zur Schachfigur von ir-
gendjemandem machen lassen. Sie war, wie Königinnen so
oft, eher temperamentvoll und rasch als verbindlich. Solche

Frauen können große Ideen produzieren. Und sie scheinen einen Zauberspruch zu kennen, der diese Ideen, die wie Kristallisationen durch ihren Geist schweben, bannt und sie dann allen sichtbar macht.

In ihren Jahren als Fürstin war Eleanor an der Seite ihres ersten Ehemannes, Ludwig VII., auf den Kreuzzug nach Jerusalem geritten. Die Reise war an sich schon ein Kraftakt, doch um die Truppen auf schweren Etappen anzufeuern, ritt sie mit entblößter Brust. Nach der Demütigung durch Heinrich II. wollte sie eine andere Welt schaffen, so weiblich wie die in ihrer Jugend, aber größer und in mancher Hinsicht von noch schockierenderer Nacktheit.

Sie errichtete in Poitiers einen Zirkel, der nicht dem Krieg, der Religion oder irgendeinem König gewidmet war, sondern Frauen: Minerva, Venus und der Jungfrau Maria. Sie schuf einen Hof der Liebe. Dort erließ sie ihre drei Deklarationen der Macht, die notwendige Bedingungen für eine Frau enthielten, die einen Zirkel um sich scharen möchten. Sie wollte:

- die zweitrangige Rolle als Ehefrau und Helferin ablegen,
- ihre Souveränität erklären und
- ihre eigene Gerechtigkeit und ihre eigene Herrschaft walten lassen.

Um am Hof für Ordnung zu sorgen, erweiterte Eleanor die Kunst der Liebe von der klassischen Form, wo der Mann der Herr und Gebieter ist, zu einer Philosophie, in der die Frau die Herrin ist, der Mann ihr Schüler in der Huldigung, ihr Vasall im Dienen.

Der auf den Kopf gestellte Hof der Eleanor war wie die Blütenblätter, die der Wind von der Rosenblüte fegt: aus dem Streit geboren und frei von Ängstlichkeit. Sie verdrehte die Regeln und schuf eine goldene Welt. Frauen durften die Männer von der Jagd und von den Würfeln wegholen zu Spielen in weiblicher Gesellschaft. Ungehobeltes Verhalten war verpönt und Schmeicheleien gegenüber Frauen erwünscht. Der Hof saß über Klagen von Liebhabern zu Gericht, wie zum Beispiel der Klage eines Ritters, der meinte, von seiner Geliebten zu hart verurteilt worden zu sein. Eleanor glaubte, dass wahre Liebe zwischen Ehefrau und Ehemann nicht existieren könne. Ihr Urteil lautete: »Sterbliche Liebe ist, als würde man Honig von Dornen lecken.« Nach diesen Sitzungen wurden politische Themen diskutiert. Eleanor glaubte, der Hof würde klarer über die Belange des Krieges diskutieren, wenn er zuvor die Themen der Liebe behandelt hätte.

Der Hof zog die jüngere Generation an, während die alte Garde sich um Heinrich versammelte. Ein Dutzend königlicher Kinder, ihre eigenen und deren Cousins, lebten bei Eleanor. Eleanors Haushalt wurde zu einem Kindergarten und zu einer Akademie für künftige Olympier – Könige und Königinnen, Herzöge und Prinzessinnen.

So wurde ihr Hof unausweichlich zu einer Konkurrenz zu dem von Heinrich II. Als dieser anbot, Eleanor könne zurückkommen und ihr Experiment beenden, ignorierte sie ihn, woraufhin er in der Nähe ihres Herrschaftssitzes Feuer legen ließ und Raubzüge anzettelte. Sie versuchte, in Männerkleidern versteckt zu fliehen, wurde aber gefasst. Heinrich ließ sie ins Gefängnis werfen. Er konnte sich natürlich von ihr scheiden lassen, doch er wusste, dass

Eleanor leicht Verbündete gegen ihn versammeln konnte. Mit dreiundfünfzig und geschieden hätte man sie auch in ein Kloster schicken können. Sie weigerte sich, ihren Landsitz Poitiers aufzugeben, also setzte Heinrich sie hinter Schloss und Riegel.

Sie war seine strategische Schlacht, und ihre Spiele von Krieg und seltsamer Liebe fesselten ihn und forderten ihn heraus, wie es nichts und niemand sonst gekonnt hätte. Ihr Überleben wurde für sie ein mentales Schachspiel, und so konnte sogar ein böses Schicksal komisch wirken.

Abgesehen von Festtagen, die sie mit Heinrich und ihren Söhnen verbrachte, blieb Eleanor fünfzehn Jahre lang eingesperrt. Sie wurde erst im Alter von achtundsechzig, nachdem Heinrich gestorben war, freigelassen. Die Befreiung aus dem Gefängnis war wie eine Wiedergeburt. Sie leitete ihren Sohn Richard, den neuen König, darin an, wie er Heinrichs Politik rückgängig machen könnte.

Kein König in Europa hatte mehr Erfahrung mit Männern und Geschäften als sie. Eleanor hatte zwei Ehemänner überlebt, und zwei ihrer Söhne waren zum König gekrönt worden. Liebe, Ritterlichkeit und Höflichkeit wird es für die Menschheit immer geben: weil die Dichter daran glauben und wegen der Rituale der Liebe, die der Hof von Eleanor geschaffen hat. Die Liebe brachte die Menschen an den Hof und stellte es ihnen frei, zu gehen, wenn nötig. Eleanors Idee von der Liebe lebt in den Köpfen der Menschen bis heute weiter. Das ist die Bedeutung von Zirkeln, die Frauen geschaffen haben: Selbst wenn sie zu Ende gehen, leben sie in den Menschen doch weiter.

Alle erfolgreichen Zirkel folgen der folgenden Regel:

Matriarchate sind Diskussionen mit der Gesellschaft als Ganzes.

Eleanor von Aquitanien schuf den Hof der Liebe als Gegenentwurf und Ausgleich zum Hof ihres Mannes. Wie alle matriarchalen Formen ist er offen »anti-elefantisch«, also gegen die Machtstrukturen der männlichen alten »Elefanten« gerichtet. Ihr Hof ist das Gegenteil zu alt, riesengroß und langsam. Es ist typisch für reife Frauen, gegen den Zeitgeist für Dinge einzutreten, die über der Zeit stehen.

Höfe können auch so individualistisch und intim sein, dass sie nur in der Vorstellung existieren. Der Zirkel der Dichterin Emily Dickinson war sehr klein, auf enge Familienmitglieder und einige wenige auserwählte Freunde beschränkt. Sie lebte eine private Existenz, ohne Teil einer Clique zu sein und ohne Klatschgeschichten. Dagegen pflegte sie Freundschaften, die wie ihre Dichtung waren: Schöpfungen ihrer Vorstellungskraft – »Welten« –, in denen sie die für sie einzig mögliche Lebensform fand. Ein Zirkel muss genau so ein Ort sein, wo man sein eigenes Leben leben kann, wie man es selbst definiert hat. Dickinson versah jeden ihrer Freunde mit den Eigenschaften, die sie selbst an ihnen benötigte, und es war ihr ganz gleich, ob sie etwas umkehrte – sie lebte in der Umgebung ihrer eigenen Schöpfung. Sie wollte sich selbst mit der Essenz anderer Menschen verbinden, was auch immer es in einem neuen Freund war, das ihre Vorstellungskraft anregte. Ihre Schwägerin Sue wurde ihre engste Freundin, Thomas Higginson ihre Verbindung zur Welt der Literatur, Judge Lord ihre Hoffnung auf eine Heirat. Es war ein sehr kleiner Kreis, und jedes Mitglied wurde für sie noch wichtiger, wenn es sich entfernt von ihr aufhielt, wodurch Briefe und Abschiede große Bedeutung erlangten. Ein tiefgehendes Verständnis der Essenz erforderte ihrer Meinung nach Abwesenheit. »Die Liebe kommt, wenn der Gast geht«, sagte sie, »denn erst dann kann sie von ihren Zufällen befreit und wahrhaftig erkannt werden.«

Laden Sie in Ihre Mausefalle ein

Die Mona Lisa zieht auch deshalb so viele Fremde in ihre Welt hinein, weil sie zwischen zwei Hügeln sitzt und ihre Augen auf einer Linie mit dem Horizont sind. Moderne Gemälde zeigen immer seltener einen Horizont, weil die Menschen nicht mehr wissen, wo sie stehen. Sie, die Sie im Zentrum Ihres Hofes stehen, können Menschen eine Perspektive anbieten und dadurch auch einen Standort.

So wie die Figur auf diesem Gemälde von Leonardo da Vinci die Kreise von Besuchern anzieht, so locken die Löwinnen im Winter Mäuse an. Colette nannte ihr Zuhause, das Anhänger von nah und fern anzog, »die Mausefalle«, wo sie ihre Bewunderer mit dem Blick eines klugen wilden Tieres betrachtete. Ihr mit Henna gefärbtes gewelltes Haar wirkte wie die zottelige Mähne einer Löwin auf der Jagd. Sie amüsierte sich über die menschlichen Zuschauer, die zu ihrem Käfig vorgelassen wurden. War die Neugier der Besucher erst einmal befriedigt, dann wussten die Besucher meist nicht, was sie sagen sollten, die Rollen wurden vertauscht, und es war dann die Löwin, die ihnen ein paar Brocken in Form einiger Worte hinwarf.

Das Auge, sagte Ralph Waldo Emerson, der amerikanische Philosoph, ist der erste Kreis. Sie locken die Menschen in diesen Kreis hinein, weil Sie sie aufmerksam und zielgerichtet anblicken. Dies verleiht den Betrachteten einen Zustand der Anmut. Ihre Nächsten lehren Sie die Liebe, daher werden diese auch vom stärksten Licht ihres Blicks erfasst. Einige Hollywood-Mogule fragten Gertrude Stein, wie sie es schaffte, im Alter von neunundfünfzig Jahren noch so viele Zuhörer bei ihren Reden anzuziehen, zumal sie eine Schriftstellerin war, die eher nicht zu Leuten sprach. Stein war eine höchst experimentelle Autorin und eine wahrhaft komische Heldin. Ihre Arbeiten blieben lange im Verborgenen und wurden bis zu ihrem Erfolg mit *Autobiographie von Alice B. Toklas* im Jahr 1933 nur von ihren engsten Freunden gelesen und goutiert. Sie war nie eine Person der Massen gewesen und erklärte ihre breite Popularität so: »Ich habe einen kleinen Kreis von Freunden.« Diese Freunde liebten sie und waren ihr dankbar. Ihre Freundschaften waren legendär, und sie trugen die Botschaft von Steins Gastfreundschaft und ihrer Loyalität in alle Welt. Um einen festen Zirkel zu gewinnen, muss man eine Gruppe enger Freunde aufbauen.

Die Präsenz einer Person breitet sich in einem Radius von ungefähr zehn Metern um sie herum aus. Doch hat man die Fünfzig erreicht, dann verkleinert sich dieser Kreis, und er tut das immer weiter, je mehr die Zeit voranschreitet. Andere müssen näher herantreten, um Sie zu bemerken und zu schätzen. Oder sie müssen an diejenigen heranrücken, denen Sie nahe sind. So wird die Mausefalle notwendig zum Aufbauen eines Zirkels.

Je besser Sie darin sind, neue Menschen kennenzulernen, desto größer wird Ihr Zirkel sein, bis er die ganze Welt umfasst. Margaret Mead, Wissenschaftlerin, Lehrerin, Mutter und Leitfigur der wiederbelebten Wissenschaft der Anthropologie, betrachtete sich selbst nicht nur als die Hüterin ihrer Brüder und Schwestern, sondern auch ihrer Nachbarn, Landsleute und wenn nötig auch ihrer Feinde. Diese Idee: zum Hüter unserer Feinde wie unserer Brüder zu werden, haben weder Frauen noch Männer je auf der Welt gelernt. Wir glauben, keine Verantwortung für unsere Feinde zu haben. Doch wenn wir einmal zu Hütern unserer Feinde geworden sind, dann wird eine neue Stufe der Evolution erreicht sein. Mead sagte, dazu brauchte man Sanktionen, die weiter reichten als bis zur Reichweite von nur einem Steinwurf und die jedes Mitglied der menschlichen Rasse beschützen müssten. Mead streckte sich immer weiter und breiter in verschiedene Richtungen aus. Die Menschen sagten von ihr, »Oh, sie war ganz groß«, und es war klar, dass sie damit nicht ihren Körperumfang meinten.

Sie blieb ganz groß, indem sie weder ehemalige Schwäger und entfernte Verwandten noch ehemalige Studenten aus den Augen verlor. Sie machte sie voller Energie ausfindig und wollte von ihnen wissen, wie es ihnen im Laufe der Zeit ergangen war. Meads bleibendes Vermächtnis und ihr höchst dauerhafter Charme ist die schlichte und großzügige Art, in der sie das Wort »Familie« interpretierte.

Um die Mona Lisa versammeln sich vielleicht zwanzig Menschen zur gleichen Zeit, dann gehen sie weiter und machen Platz für weitere zwanzig und wieder zwanzig. Alle schauen sie an, als würden sie in einen Spiegel starren, und nehmen ihr flüchtiges Lächeln und ihre Ruhe in sich auf. Genau so spiegeln sich die Mitglieder eines Zirkels in der Person, die sie zu einer bestimmten Zeit in ihre Mitte stellen. Wir können sagen, dass es zwei Arten von Familienähnlichkeit gibt: Die eine ist auf die Gene gegründet und enthält, wie in Familien, viele Unterschiede. Die andere Art der Ähnlichkeit ist die einer Flamme, die eine andere Flamme entzündet; die Ähnlichkeit zwischen zwei Flammen ist viel größer. Mitglieder eines Zirkels sind eher wie Kerzenflammen.

Die legendäre Journalistin und Autorin Mary Frances Kennedy Fisher, die viele Bücher übers Essen schrieb, wurde aus ihrem Familienkreis verbannt: von ihren Töchtern, die sich von ihrem unabhängigen Geist alleingelassen fühlten, und von den drei Ehemännern, die sie durch Scheidung oder Tod verlor. Im reifen Alter erwarb sie eine neue Familie, die nicht aus abhängigen Mitgliedern bestand, sondern ausschließlich aus gleichrangigen. Dazu gehörten die »Weisen der Kochkunst« James Beard und Julia Child sowie andere Personen aus ihrem Berufsleben, deren Interessen ihre eigenen spiegelten und von denen sie als eine unter Gleichen willkommen geheißen wurde. Anders als ihre Kinder und die ungetreuen Ehegatten liebte diese neue Familie sie bedingungslos, und Fisher erwiderte diese Liebe. Zum ersten Mal lernte sie ihr Potenzial kennen, das sie ein unbeschränkt weites Leben leben ließ.

Mausefallen für Fortgeschrittene, oder
Die Kunst der Attraktivität durch Freundlichkeit

Es heißt, dass ein Tag mit Eleanor von Aquitanien, Margaret Mead oder M. F. K. Fisher vielen Menschen geholfen habe, ihr Leben klarer zu sehen als zuvor.

Mead war die Matriarchin Hunderter von Studenten und Wissenschaftlern. Sie half ihnen dabei, sich in der Welt zu orientieren. Sie schuf Plattformen und war eine Art mütterlicher Anlaufstelle, die viele willkommen hieß. Und sie half vielen dabei, ihre eigenen Plattformen zu errichten, und interessierte sich dann auch für das, was dort passierte.

Wenn eine Frau von sich selbst das Gefühl hat, ein Original zu sein, dann verleiht ihr das eine seltsame Integrität und sie kann ihr Bild anderen auferlegen. Mead war eine mittelmäßige Wissenschaftlerin und eine einigermaßen gute Lehrerin. Doch als Matriarchin war sie ohne Frage genial. Sie kultivierte einzigartige Fähigkeiten, um das Interesse anderer weniger auf sich, sondern auf ihre Arbeit zu lenken, so wie sie, als ihr Bein sie im Stich ließ, anstelle des üblichen Krückstocks einen antiken Wanderstab wählte.

Ihre Mausefallen waren einzigartig und original und jede davon geeignet, einen eigenen Zirkel zu gründen. Und so errichten Sie Ihre Mausefalle:

Kommen Sie mit leeren Händen.

Mead war der Ansicht, dass Armut ein guter Anfang ist. Wenn sie zum ersten Mal in ein fremdes Haus oder ein fremdes Büro kam, setzte sie sich mit nach oben gewendeten Händen hin, als wollte sie sagen: »Ich komme mit leeren Händen, ich trage keine Waffe, ich bin hier, um etwas aufzunehmen, zeigen Sie es mir.« So saß sie auch noch da, wenn das mit der Zeit unbequem wurde; vor allem mit Kindern verfuhr sie so. Auf einer Konferenz so zu sitzen ist zunächst einmal seltsam, doch es entlockt den anderen schon bald eine tiefgehende Unterhaltung darüber. Mead war Lehrerin für jeden, aber jeder war auch ihr Lehrer. Wenn sie in ihren Kursen Referate verteilte, dann bat sie die Studenten: »Bringt mir etwas bei!«, und wenn sie das taten, war sie entzückt. Damit band sie andere an sich; sie vergaßen nie, was Mead ihnen beigebracht hatte, aber noch weniger, was sie Mead beigebracht hatten.

Schenken Sie anderen etwas von sich.

Mead schickte anderen Menschen oft Dinge, die sie liebte und seit Jahren schon besaß. Dafür schickte zum Beispiel ein junger Freund, der zum Dekan ernannt wurde, Mead ein besonderes Kleidungsstück, das er bei der Zeremonie getragen hatte. Das Geschenk förderte die Nähe ihrer Beziehung. Beide fühlten von dem Moment an, dass sie Zeit und Raum überwinden konnten und dass sie niemals vom anderen ganz entfernt waren. Durch solche Methoden kann man tiefe Verbindungen knüpfen.

Nehmen Sie schneidend Anteil wie in der Heilkunst.

Mead war rücksichtslos, wenn man mit ihr stritt, aber sie liebte die Debatte. Die Intensität, in der sie für ihre Werte eintrat, flößte anderen großen Respekt ein. Ihre Methode war rasiermesserscharf. Sie war ebenso sehr eine Therapeutin für andere wie eine Lehrerin: Sie führte Menschen in die goldenen Zeiten zurück, in denen man seine Meinung noch ungeschützt äußern durfte.

Üben Sie Anweißen statt Anschwärzen.

Erklären Sie sich bereit, jemandem zu helfen, indem Sie einer anderen Person, die der ersten von Nutzen sein kann, einen Gefallen tun. Es ist sehr sinnvoll, mit dem Schenken indirekt zu sein, denn dann kommen Sie nicht in den Ruf, sich mit Ihrer Großzügigkeit lieb Kind machen zu wollen.

Suchen Sie Intensität in Ihren Besuchen und Treffen.

Nutzen Sie religiöse Feiertage, um intensives Beten zu praktizieren. Begrüßen Sie diese Tage als Rituale, indem Sie zum Beispiel den Sabbatsamstag oder den Sonntag einhalten. Das ist eine Methode, andere an sich zu ziehen, nämlich so viele Menschen wie möglich mit den eigenen leidenschaftlichen Beschäftigungen anzustecken. Mead war nicht für eine religiöse Trennung. Sie wollte nichts haben, was sie von anderen ausschloss, wie sexuelle und religiöse Ekstase es ja gern tut. Im Alter ist vom Temperament schon alles Überflüssige weggeschnitten. Die neue Aufgabe ist es jetzt, alles einzusäen, was sich noch als nützlich erweisen könnte. Mead war eine gute Menschenfischerin.

Hegen Sie nie Groll gegenüber anderen Frauen.

Mead brachte viele junge Frauen zusammen, die für sie recherchierten, ihr assistierten und in allen möglichen spontanen Frauenzirkeln arbeiteten. Sie glaubte, dass die Beziehungen zwischen Frauen grenzenlos versöhnlich sein sollten. Mead selbst lernte alle paar Monate eine »ernsthafte neue Freundin« kennen und fügte den Namen augenblicklich ihrer Liste für Weihnachtsgrüße hinzu. Das haben wir auch schon bei den *salonistes* gesehen, den Damen in Frankreich, die Männer in ihre Gesellschaft einluden und sie Freiheit, Zivilisiertheit und Weltpolitik lehrten. Dass sie ihre Bedeutung für die wichtigen Leute derart kultivierten, machte sie zu den »Menschen, durch deren Hände die Geheimnisse der ganzen Welt gehen«, wie eine von ihnen, Madame d'Orléans, schrieb. Die Frauen machten sich selbst zu wertvollen und vertrauten Freunden von Frauen und Männern, die sich bei vielen Gelegenheiten als großzügig und weitsichtig erwiesen.

Bemuttern Sie in zwei Richtungen.

Mead lehrte und bemutterte junge Frauen, auch noch als sie selbst von ihnen bemuttert wurde: ihr Nylonstrumpfhosen von enormer Größe kauften, ihren Rücken massierten, wenn sie krank wurde, ihre Wäsche in die Wäscherei brachten und dafür sorgten, dass ihr die Psychopharmaka nie ausgingen. Eine von ihnen formulierte es so: »Wenn sie ein Mann gewesen wäre, hätte ich meinem Ehemann allen Grund gegeben, die Scheidung einzureichen.« Die Kolleginnen hatten das Gefühl, mehr als Schwestern für sie zu sein, sie waren ihre großen Freundinnen. Und Männer wurden zu ihren lang verlorengeglaubten Brüdern. Von den französischen *salonistes* sagte man, dass sie, ob sie nun genial waren oder nicht, auf jeden Fall Frauen waren, die von Männern geliebt wurden und die Frauen zu ihren Freundinnen, Vertrauten und Beraterinnen machen konnten, mit denen sie nicht nur ihre Freuden und Leiden teilten, sondern auch ihre Ideen und Ziele.

Stellen Sie die Sicherheit der Salons her.

Matriarchale Kreise schaffen geistige Verbindungen, und wenn wir gemeinsam die Wahrheit und Schönheit des Lebens herausfinden wollen, müssen wir anderen ein Gefühl des Wohlergehens vermitteln und sie dadurch anziehen – und nicht durch eine Flucht aus der Realität. Sichere Orte sind keine Zufluchten, sondern wiedererstandene Orte aus goldenen Zeiten. Menschen fühlen sich nicht zu Orten hingezogen, an denen völlige Einigkeit herrscht – dort, wo sie sich sicher fühlen, gibt es mehr Diskussionen, und es wird mehr zur Provokation ermutigt. Diese Atmosphäre entsteht leichter in institutionalisierten Salons und Konferenzen, die von Universitäten ausgerichtet werden, als auf Konferenzen in Hotels. Auch in Teams entsteht wie in den Salons diese Sicherheit der Provokation. Projekte, an denen man aus Spaß oder Spieltrieb zusammenarbeiten kann, ohne dass es ein festes Ziel gibt, ermöglichen es den Menschen, sich wieder so sicher zu fühlen wie in der Kindheit und damit voll und ganz lebendig zu sein.

Bedenken Sie, dass es eine beglückende Erfahrung ist, Dinge zu einem würdigen Abschluss gebracht zu haben.

Mead mochte Rituale, die ein Ende der Dinge markierten. Jeder feiert gern den Beginn von etwas, aber das Ende ist von einer gewissen Nostalgie und unterstützenden Funktion, die über die einer Feier zur Geburt eines Babys oder einer Hochzeit hinausgeht. Wenn sich ein Haushalt auflöste, dann fand sie, dieses Ereignis sollte durch eine Party markiert werden, ein »Housecooling«. Dasselbe wäre ihrer Meinung nach auch für Scheidungspaare gut, damit sich die Geschiedenen als Teil einer Gemeinschaft fühlen könnten. Sie versuchte, Orte zu schaffen, an denen nicht verurteilt wird, sondern Werte in Gedanken und Reden erprobt werden können.

Besonnene Küsse entzünden die dauerhafteste Flamme.
Mead küsste einen Freund oft auf eine Weise, die nicht mütterlich, sondern überschwenglich und warm war. So zeigte sie die weiche Seite der harten Professionalität.

Was für den Bienenstock gut ist, ist auch für die Biene gut.
Ein Bittsteller, dem Margaret Mead eine kostenlose Lesung anbot, sagte ihr, er wolle sie nicht benutzen oder sich auf ihre Kosten einen Vorteil verschaffen. »Sie können eine Person nur dann benutzen«, antwortete sie, »wenn sie ihr etwas abnehmen, was nicht ersetzt werden kann. Es gibt nichts, was ich für Sie nicht tun würde.« Das gilt für uns alle: Für die Menschen in Ihrem Zirkel sollte es nichts geben, was Sie nicht tun würden. Energie abzugeben schafft neue Energien.

Eine Frau im Zentrum eines Zirkels braucht zwei Zuhause: Eines, in dem sie lebt, und eines, in dem sie wirklich lebt.

Von den zwei Heimstätten, die Frauen brauchen, ist die zweite, wie Gertrude Stein sagte, ihr »Phantasie-Haus«.

Das Phantasie-Haus kann unter Umständen real sein, doch hat es Elemente des Irrealen. Für George Sand war das Nohant, ihr spirituelles Zentrum. Dorthin lud sie ihren jungen Bewunderer Gustave Flaubert ein. Nohant war abseits des Zentrums, ein Landhaus, das ihr Hof der Liebe war, ihre Zuflucht vor der Pariser Politik und dem üblichen Geplänkel dort. In Nohant schrieb sie Bücher und lud ihre Familie und ihre Liebhaber in die Sicherheit ein, die sie dort umgab.

Ein Phantasiehaus wechselt die Wirklichkeit. In den Tagen, nachdem sie das Weiße Haus verlassen hatte, richtete sich die frisch verwitwete, gereifte Jackie Kennedy in einem neuen Zuhause ein. Es war ein Stadthaus, das sie anmietete. Doch könnte man sagen, dass sie mehr in ihrem zweiten Zuhause wohnte, dem Phantasiehaus ihrer eigenen Schöpfung oder Neuerfindung: dem Hof von Camelot. Jackie schuf den Mythos von John F. Kennedys Präsidentschaft als der Erneuerung einer alten Heldenlegende; einer Präsidentschaft, deren Ziele – Demokratie, Gleichheit und die Förderung der Künste – so rein waren, dass sie nicht einmal eine volle Legislaturperiode dauern konnte. Durch diesen visionären Blitz verlieh Jackie der kurzen und abgebrochenen Amtszeit ihres Mannes eine Qualität von Überzeitlichkeit und ewiger Würde. Das Camelot der Legende war durch den Runden Tisch gekennzeichnet, an dem Gerechtigkeit und Liebe herrschten. Jackies Version der Camelot-Präsidentschaft färbte die Geschichte vielleicht nachhaltiger als der reale historische Bericht von der Präsidentschaft ihres Mannes. Kreise übertrumpfen logische Vierecke, vor allem in Bezug auf die Zeit und die menschliche Vorstellungskraft.

Für Julia Child war ihre Küche in vieler Hinsicht ihr zweites Zuhause, so wie ein Schildkrötenpanzer sowohl das Haus als auch die Haut der Besitzerin ist. Es ist die Idee von diesem Zuhause, die Legende, die sich darum spinnt, die weiterlebt und es zu einem zweiten Haus oder Phantasiehaus macht. Zu Anfang bestand Julias Zuhause aus einem kleinen Zirkel – aus ihr selbst und zwei Assistenten. Sie arbeiteten an einem ernstzunehmenden Buch, von dem die meisten Verleger annahmen, dass es keine Chance haben würde. *Mastery of French Cooking,* »Die Kunst der französischen Küche«, war ein schwerfälliges Manuskript, das von dem Verlag Houghton abgelehnt wurde, als Julia gerade fünfzig war.

Das ist ein Merkmal der reifen Führungskraft: Child ging nicht mit dem Zeitgeist mit, sie verhielt sich bewusst anachronistisch. Es war ihr egal, ob sie Leser hatte, so wie man ein Kind bekommt und – ohne zu wissen, wo der Platz des Kindes in der Welt sein würde – einfach daran glaubt, dass es eine Zukunft haben wird. Das Buch, ein Standardwerk zur französischen Küche zu einer Zeit, als Fertigsoßen die Gourmet-Abteilungen der Supermärkte beherrschten, schien ein unmögliches Ding zu sein. Nie zuvor hatte ein Kochbuch eine gesellschaftliche Revolution verursacht. Aber dieses hier tat es. Die Kunst der Haushaltsführung wurde immer mehr gepflegt, und Frauen wurden professionelle Köchinnen. Julia Childs Vermächtnis ist an Zirkel und wieder andere Zirkel gebunden, deren Mitglieder ihr bis heute noch treu sind. Sie schuf eine Plattform für sich selbst – und für die Wunder der französischen Küche –, indem sie eine Vielzahl von Plattformen errichtete: Sie wirkte als Lehrerin (durch das Fernsehen und durch Bücher), heuerte Dutzende von Lehrlingen an, hieß sie wie Familienmitglieder willkommen und sah zu, wie sie wiederum ihre eigenen Kreise aufmachten. Julia Child baute ihr eigenes Phantasiehaus auf dem Grundstück ihrer Kollegin Simca Beck. Wie Gertrude Stein kultivierte sie ihren kleinen Kreis aufs beste. Child war unglaublich ehrgeizig, nicht nur für sich selbst, sondern auch, was die Kunst des Kochens und den Versuch anging, Kochen zu einem Vergnügen zu machen.

Wenn man der eigenen Kunst selbstlos dient, dann heißt das, andere an der Freude, die man empfindet, teilhaben zu lassen. Julia selbst war eine, die in der Kochkunst ständig von anderen lernen wollte, so wie Mead in Bezug auf die Gewohnheiten der Menschen.

Wer im Zentrum steht, strahlt Ungezwungenheit aus, eine Autorität, die in Freude übergeht und deren wildeste Form der Askese, nicht der Lust entspringt.

Schaffen Sie einen Palast des Genius und der Verrücktheit, wo, wie die Bildhauerin Louise Nevelson sagte, man »Kaviar essen, Champagner trinken und all die Dinge machen kann, die man tagsüber nicht tut«. Nevelsons Studio, ein Hof der Liebe zur Kunst, war ein Versammlungsort für Jung und Alt. Tagsüber forderte die Arbeit ihre ganze Kraft, aber abends, wenn der letzte Pinsel gesäubert und alle Arbeit weggeräumt war, begannen die Partys. Disziplin und Spaß halten den Kreis zusammen.

Freude trägt große Macht in sich. Doch es ist eine Freude von besonderer Art: Askese, nicht Lust charakterisiert Salons wie den der Gertrude Stein, Schulen wie die der Madame de Maintenon, Workshops wie die von Georgia O'Keeffe, Ateliers wie das Schneiderzimmer der Coco Chanel, Küchen wie die von Julia Child und Laboratorien, in denen Experimente durchgeführt werden. Jeder dieser Zirkel basiert auf der Tatsache, dass die Moral aus der

Ästhetik entsteht, nicht umgekehrt. Das ist wiederum eine Methode der Gegenläufigkeit gegen das Übliche: Machen Sie Schönheit zum grundlegenden Ziel Ihrer Projekte, dann werden Sie, wenn Sie konsequent sind, zum Zentrum eines üppigen, reichen und selbstlosen Hofes werden.

Ein Zentrum kann sich weiblicher Kunstfertigkeit rühmen.
Im Alter von einundsechzig Jahren gab Georgia O'Keeffe ihre Wohnung in New York City auf und ließ sich in Abiquiu, New Mexico, weit entfernt vom Zentrum der Kunstwelt nieder. Ihr Umzug führte dazu, dass das Zentrum der Kunstwelt verschoben wurde – es umfasste jetzt auch das entfernte Abiquiu, so wie der Hof von Eleanor das Zentrum der europäischen Politik verschob. O'Keeffe errichtete ihr eigenes Matriarchat in einem Haus aus pinkfarbenen Wänden. Sie engagierte Arbeiter für die schweren Arbeiten und ließ sie Berge von braunem Schlamm zu den Frauen schleppen. Den Schlamm strichen die Frauen dann selbst in traditioneller Weise von Hand auf die Wände, was den rosafarbenen unebenen und abgerundeten Wänden das Aussehen menschlicher Haut verlieh. »Jeder Zentimeter ist von der Hand einer Frau ausgestrichen worden«, sagte Georgia O'Keeffe über ihr Haus und freute sich darüber, wie seine gemaserte Sanftheit sich gegen den harten Wüstenhimmel abhob. »Ich wollte mein Haus schaffen (kein spanisches oder indianisches). Es ist sehr schwer, sich die Erde zu eigen zu machen.« Sie nannte es einen Rückenschild, der vollkommen an sie angepasst war. Für die Dorfbewohner wirkte das Haus wie eine Festung, die über Abiquiu blickte. O'Keeffe liebte die Einfachheit ihres Hauses, das sie noch mehr vereinfachen wollte.

Die Orte, von denen reife Frauen angezogen werden, sind bewusst meilenweit von den traditionellen männlichen Systemen und Gesellschaften entfernt. »Vielleicht benutze ich ja die Welt der Natur als eine Flucht aus der Welt der Männer, aber es ist so eine wunderschöne Flucht!«, schrieb Martha Gellhorn. Und als sie in fortgeschrittenem Alter den Verlust ihrer Freundschaften zu Männern betrauerte, ersetzte sie ihn durch erhebende Liebesgeschichten mit Landschaften und Orten.

Ein Zentrum ist Teil des Ganzen und doch entfernt davon.
Georgia O'Keeffe schien über die Belange der meisten Sterblichen hinauszuwachsen, als sie sich selbst in die Erhabenheit der Natur begab. Die himmlische Klarheit ihrer Werke – und ihrer Visionen – entsprang dem entrückten und isolierten Leben in der Wüste. Sie nahm keine Kunststudenten auf und lebte nur mit zwei grimmigen Chow-Chows zusammen. Und dennoch wurde Ghost Ranch zu einer Bühne, in deren Mitte sie stand und die »bespielt« wurde. O'Keeffe zögerte nicht, sich herumzustreiten, vor allem mit dem örtlichen Priester, wenn sie in ihrer Gemeinde Gutes tun wollte. Sie baute ein Wassersystem für die Stadt, Schulen und andere öffentliche Gebäude. Ihr Haus wirkte zwar wie eine Festung, doch sie war ein wichtiger Teil der Gesellschaft.

Madame de Maintenon heiratete im Alter von sechsundvierzig Jahren Ludwig XIV., der nur wenig jünger war als sie. Ihr Ziel war es, ihr Glück »sinnvoll anzuwenden«. Sie gründete eine Schule der Frömmigkeit innerhalb Ludwigs Hof, der von Laster, Zynismus und kindischer Leichtgläubigkeit geprägt war. Während an Ludwigs Hof ein Fest das andere jagte, vermied sie jede Übertreibung. Ihre Schule, die arme Mädchen für den Hof vorbereitete, hatte etwas Revolutionäres. Sie verwandelte den Hof nicht, aber sie rüttelte seine Bewohner und Dauergäste auf. Sie selbst übernahm es, dem König von der »Leere der Größe« zu erzählen. Sie sagte, sie sei die einzige Person, in deren Gegenwart der König völlig frei sein könne.

Vom Zentrum lernen Sie, was Sie zum Leben unbedingt brauchen, und so finden Sie sich selbst.

Ein Haus, so meinte Georgia O'Keeffe, sollte nichts weiter sein als ein Schutz. Die dürre und öde Region, in der sie ihr Haus baute, enthielt nichts Nährendes für den menschlichen Körper, nur Ästhetik für die Seele – sie begann, die Gegend den »Schwarzen Ort« zu nennen. Ein Besucher bewunderte einmal die Atmosphäre »erregten Friedens« in ihrem Haus. Diese Atmosphäre ließ die abergläubischen Leute aus dem Dorf den Verdacht hegen, die Künstlerin sei eine Hexe, vor allem wegen der Knochen und einer zusammengerollten Schlange in einem Glaskasten, die einmal einen indianischen Besucher zu der Bemerkung veranlassten, alles in ihrem Haus schiene lebendig zu sein, als wäre es von übernatürlichen Geistern bewohnt.

Das Zentrum gibt Ihnen ein Gefühl der Sicherheit.

Verlust ist keine Tragödie, wenn es einen ausgedehnten Zirkel gibt. Dieser erlaubt einem, mit mehreren hundert Menschen in Kontakt zu stehen und mit dem Ganzen vernetzt zu sein. Zirkel geben einem Menschen die Zuversicht, Unnötiges loszulassen und das Nötige zu gewinnen.

1965 zerstörte ein Feuer die nicht versicherten Gemälde und noch andere Dinge von Georgia O'Keeffe. Sie sagte, sie habe immer gehofft, dass ein Feuer sie einmal von ihren Besitztümern befreien würde. Nun wurde sie an das erinnert, was wirklich zählte. Das war für sie der Akt des Malens. »Dafür mache ich überhaupt alles andere. Das Malen ist wie ein Faden, der durch die Beweggründe für all die anderen Sachen hindurchläuft, die mein Leben ausmachen. Wenn ein Baum stirbt, muss man einfach nur zwei neue pflanzen.«

Die Kraft des Beschützens umfasst auch die finanzielle Seite der Matrix. Moderne Matriarchate unterscheiden sich von den meisten Organisationen dadurch, dass sie weder ausschließlich kommerziell noch ausschließlich karitativ sind, sondern beides umfassen. Mead sammelte bedeutende Summen Geldes für ihre Institutionen, während sie selbst nur wenig verdiente. Coco Chanel beriet Hunderte von Frauen in Design für Kleidung, während sie selbst maßgeschneiderte Designermode verkaufte. Gertrude Stein fütterte Dutzende von Künstlern durch und unterstützte deren Arbeit, indem sie deren Werke kaufte und ausstellte. Während des Zweiten Weltkriegs in Frankreich benutzte sie ihr eigenes Auto als Krankenwagen und fuhr damit aufs Land, um die Verwundeten in Krankenhäuser zu transportieren. Beschützen verleiht dem kreisförmigen Charakter der Matrix eine neue Kraft: die Franzosen, durch ihre Anwesenheit geehrt, kümmerten sich aufs beste um Madame Stein.

Das Zentrum ermutigt zu Experimenten und befreit von der abgeriegelten Welt alter Gesetze und Gewohnheiten.

Louise Nevelson arrangierte Möbel, Objekte und Schachteln sehr häufig neu. Sie fand, ein Haus müsse eine »lebendige Skulptur« sein. Sie sagte: »Wenn man in dieser Art von Harmonie lebt, öffnet sich der Geist. Alles ist, entgegen der Theorie vom unendlichen Universum, Teil von etwas Größerem und etwas Kleinerem.«

Im Zentrum mischt sich Liebe mit Freundschaft, so wie eine brennende Kerze ins Tageslicht scheint.

Eleanor Roosevelt schuf ihren eigenen Zirkel innerhalb des präsidialen Zirkels ihres Mannes. Ihr Hof bildete eine Regierung des Gewissens, eine parallele Administration zu der Franklin D. Roosevelts. Sie tat Dinge, die niemals zuvor gemacht worden waren: Sie engagierte sich für die Menschenrechte der schwarzen Bevölkerung, entwarf einen New Deal für Frauen, setzte sich bei der Regierung mit Ideen zur Wohnsituation durch und kreierte Modellgemeinden. Eleanor traf Entscheidungen und betrieb Politik. Ihr Zirkel bestand aus Frauen, und selbst die Reporter, denen sie erlaubte, über sie zu berichten, waren ausschließlich Frauen.

Ein Zentrum konzentriert sich um seine Leitfigur. Diese Verbindung ist nicht hierarchisch, sondern symbolisch, bildlich und suggestiv.

Katharine Graham, mehr als zwei Jahrzehnte lang Verlegerin der *Washington Post,* verkündete im Alter von siebenundvierzig Jahren, wie man würdig altern könne: »Wir müssen eine Menge Bücher lesen und dürfen nicht trinken.« Die Freundin, der sie das sagte, schwieg erst eine ganze Weile und fragte dann: »Und wann müssen wir damit anfangen?«

Graham fing damit an, nachdem ihr Mann sich das Leben genommen hatte und sie ganz plötzlich als Verlegerin des Familienunternehmens, der *Washington Post,* in seine Fußstapfen treten musste. Bis dahin hatte sie keinen Beruf ausgeübt. Sie musste sich von dem Schlag erholen, ihren Ehemann verloren zu haben, und auch von dem enormen Verlust an Selbstvertrauen, den sie während ihrer dreiundzwanzig Jahre währenden Ehe erlitten hatte, in der sie von ihm unausgesetzt schikaniert und als unattraktiv und gewöhnlich bezeichnet wurde. Graham blühte auf, als sie den bereits existierenden Hof betrat und ihren Platz darin suchte. Sie studierte Management, nahm den Rat von vielen Außenstehenden an, umgab sich mit einem neuen Kreis von Gleichgesinnten, unter denen auch der Schriftsteller und Bonvivant Truman Capote war, und ließ sich nicht von der unaufhörlichen Kritik beirren, die ihr aus dem Innern der *Post* entgegenschlug. Wie es jemand ansteht, der das Zentrum eines Kreises sucht und nicht die Spitze einer Pyramide, herrschte sie nicht, sondern sie machte möglich. Ihren Reportern gab sie uneingeschränkte Freiheit. So wurde sie, wie eine Königin, zu einer Vermittlerin zwischen ihren Leuten und den Maklern der Macht in Washington. Je mehr Graham in ihre Position hineinwuchs, desto mehr stieg auch, in fast symbiotischer Weise, das Ansehen und die Bedeutung der *Post.* Die Zeitung nahm eine neue Position an, sie nutzte ihr Potenzial als Macht, die der Regierung fast gleichgestellt war und einen Moralkodex vertrat, der sie zu der wahren vierten Kraft im

Staat machte. Je mehr Graham sich in ihrer Rolle zurecht-
fand, desto größer wurde ihre Macht. So setzte sie letztendlich einen korrupten Präsidenten, Richard Nixon, ab,
indem sie die ungeheuren Berichte über den Watergate-
Einbruch veröffentlichte, den er gebilligt hatte. Sie läutete
das goldene Zeitalter der Glaubwürdigkeit der Presse ein.
Und sie führte die *Post* zu Rekordjahren, sowohl in puncto
Profit als auch hinsichtlich ihres internationalen Ansehens.

Die Frau im Zentrum steht etwas abseits von den anderen.
Penelope, die Königin von Ithaka, fühlte sich im Zentrum
des Spinnennetzes wohl, weil sie dort nicht gefangen werden konnte, sondern alles in der Hand hatte, weil sie mit
allem in Kontakt stand. Eine Matriarchin kann auch von
der Mitte leicht entfernt sein: Diane de Poitiers war die
Verkörperung besonnenen Matriarchats und heißer Erotik.
Über ihrem Bett hatte sie das Wort »seule« eingraviert. Der
König war ihr Geliebter, und doch schlief sie immer allein.
Auch Colette suchte Nähe ohne gegenseitiges Verschlin-
gen, und sie wünschte sich Einsamkeit, die nicht als Ver-
lassenheit empfunden wurde.

Von allen modernen Matriarchinnen war Carolyn Heilbrun wohl die, die sich am meisten abseits stellte. Heilbrun
war die Begründerin der Frauenstudienprogramme – Ein-
richtungen, die aus Studium und Ausbildung junger Frauen
heute nicht mehr wegzudenken sind. Heilbrun gewann im
Alter Zeit und Raum für sich selbst, indem sie ankündigte,
dass sie nun keine Abendgesellschaften mehr geben würde.
Ihre Kleidung bestellte sie per Katalog oder bei Schnei-
dern. Sie verschwendete auch keine Zeit mehr damit, in
Supermärkte zu gehen und an unreifem Obst herumzufin-

gern. Ihr gesellschaftliches Leben organisierte sie maois-tisch: Treffen mit Freunden sollten möglichst immer unter vier Augen stattfinden, um überflüssiges Gerede zu vermeiden. Sie stieg aus ihrem Lehrauftrag an der Columbia-Universität aus, und obwohl sie ihren Ehemann liebte, zog sie sich am Wochenende oft alleine in eine Hütte zurück. So wurde sie zum Zentrum verschiedener akademischer, künstlerischer und philanthropischer Kreise. Sie war überzeugt davon, dass eine Frau zum ersten Mal im Leben Frau sein darf, wenn sie alt ist.

Die Ikone im Zentrum darf sich von Zeit zu Zeit zurückziehen, ohne dass es negative Auswirkungen auf den Zirkel hat oder ihre Macht verringern würde. Matriarchate sind voll von reflektiertem Licht. Die Schriftstellerin Willa Cather bemerkte, dass man Sonnenlicht nicht malen könne, sondern nur das, was es mit den Schatten an der Wand macht. Das ist ein perfektes Bild für die weitreichende Wirkung von Zirkeln als Organisationsformen: Wenn man das Leben betrachtet, was man nach Plato ja tun muss, betrachtet man dann wirklich das Leben oder nur die Schatten, die es auf andere Leben wirft? Stellen Sie sich ein Prisma aus Glas vor, eine kleine Kugel oder einen Kegel, wie man sie in jedem Souvenirladen kaufen kann. Das Ding wird niemals so schön sein wie der Regenbogen, den es hervorruft. Und so verwandelt der perfekte Zirkel die Menschen, die darin sind, in Vieren.

Frauen sind das stärkere Geschlecht. Sie sind dazu geschaffen, zu überleben und die Dinge zusammenzuhalten. Und so wie es nie genug Liebe und Freundschaft geben kann, so kann es auch nie genug Zirkel geben.

Taktik Nummer 10

Die Kunst des Comebacks erfordert,
dass Sie jeden Versuch, jung zu sein, zurückweisen
und stattdessen das Alte neu machen.

*F*ür diese letzte Taktik muss man die anderen Taktiken zu einer verschmelzen, und zwar auf die Weise, wie das Licht alle Objekte anstrahlt, ihnen aber gleichzeitig eine größere individuelle Präsenz verleiht. Eine Frau, die die verborgenen Kräfte vereint, die Leonardo in seine weibliche Ikone hineinlegte, demonstriert den wichtigsten Auftritt von allen: das Comeback. Hier geht es nicht um irgendein Zurückkommen, sondern um eine Präsenz, die allen Beobachtern klarmacht, dass nicht die Frau, sondern *Sie selbst* verschwunden waren. Mit Ihrem Comeback werden die anderen Ihre volle Macht spüren.

Wie kann irgendeine Führungsperson bedeutender scheinen als die Frau, die mit der Zeit immer weiter gereift ist und die Zeit überdauert hat? Oder, um den beliebten Begriff zu verwenden, »überlebt« hat – ein oft falsch verstandener Zustand. Warum sollte man einfach nur überleben wollen, wo man doch die besten Jahre noch vor sich hat?

Einige wenige strategisch begabte Frauen kehren von langen Streifzügen zurück, auf denen sie verschwunden waren, weil sie vielleicht von einem Beruf oder einem zufriedenstellenden Job abgewichen sind, einen Traum vergessen haben oder den falschen Weg gegangen sind. So eine Frau war Coco Chanel. Beim Ausbruch des Zweiten Weltkriegs traf sie eine politisch selbstmörderische Entscheidung und verband sich mit den Nazis. Auch ihr Unternehmen lenkte sie in eine Richtung, die sich als finanzielles Desaster erwies. Durch diese Fehler verlor sie alles: das Wohlwollen ihrer Kunden, das Verständnis ihrer Freunde und das sorgfältig gestaltete Image ihrer Firma. Doch im Alter von siebzig Jahren kehrte sie auf atemberaubende Weise auf die Bühne der internationalen Modeszene zurück, indem sie sich auf ihre ursprüngliche Begabung, das Entwerfen, verlegte und ihren ursprünglichen Stil wieder aufgriff.

Es gibt Dutzende von ähnlichen Geschichten von Frauen, die lang verloren und vergessen waren und sich selbst im Alter von fünfzig, sechzig, siebzig oder achtzig Jahren im Mittelpunkt allgemeiner Bewunderung wiederfinden. Wollen Sie wissen, wie Frauen zu diesem verpassten Höhepunkt all ihrer Erwartungen an das Leben zurückkehren, dann sehen Sie sich an, wie sie es im Alter machen, wenn sie für die Welt schon zum alten Eisen gehören. Die Taktik Nummer zehn erfüllt diese Erwartungen: Eine reife Frau ist die Summe all ihrer Begabungen, auch all derer, die lange in ihr geschlummert haben.

Wenn Jeanne d'Arc fünfzig geworden wäre, wäre sie dann ein weiblicher Papst geworden und hätte eine Kirche gegründet, die den Menschen liebevoll begegnet? Wenn

Oprah Winfrey eine größere Präsenz im Leben annehmen würde und zum Beispiel für das Präsidentenamt der Vereinigten Staaten kandidieren würde, wäre sie dann eine Mischung aus Reagan und Clinton? Sicher ist, dass die Welt ganz anders aussähe, wenn sie von Frauen beherrscht würde, die nicht vor ihrer weiblichen Führungskompetenz zurückscheuen, die wissen, was Verluste bedeuten, und nicht versuchen, wie Männer zu handeln.

Das Anwenden der Taktiken vergrößert immer die Macht einer Führungsperson, ganz gleich, ob sie eine oder alle zehn anwendet. Die Mona-Lisa-Strategie enthält drei Stufen der Macht:

eine geheimnisvolle Präsenz
eine verdoppelte Reichweite weiblicher Macht
vier Masken von zunehmend wachsender reifer Autorität

Um mit der erweiterten Präsenz umzugehen, benötigt man folgende Taktiken:

• ein komisches Heldentum
• die gelegentliche Demonstration ungezügelter Wut

Um dieses neue Gefühl von Ich gegen die Zeit, die Erinnerung und politische und kulturelle Grenzen ausdrücken zu können, benutzt man Wörter und Netzwerke wie »Mikrophone«, die die eigene Stimme verstärken:

- würdevolles Verhalten und verallgemeinernde Aussagen
- einflussreiche Zirkel

Miteinander kombiniert ergeben diese Taktiken die Mona-Lisa-Strategie. Weibliche und feminine Führungspersonen in der Geschichte haben diese Praktiken und Methoden schon immer angewandt, doch die Strategie ist heute wahrscheinlich am aktuellsten.

Da die Weltbevölkerung altert, tun das auch die Führungspersonen der Global Players und ihre Kunden. Die größten Unternehmen der Welt werden von Männern geleitet, allerdings sind dies Männer in reifem Alter, für die die Themen Vermächtnis, Beziehungen und die herannahende Komödie des Alters jetzt relevant werden. Reife Führungspersonen sind nicht mehr *nur* heldenhaft, über diesen jugendlichen Zustand sind sie hinausgewachsen. Sie sind zunehmend menschlich oder verletzlich, empfinden Mitleid und sind sich schmerzlich bewusst, dass die Zukunft ohne sie stattfinden wird.

Also verschieben sich die Wettbewerbsziele von dem Versuch, sich gegenseitig auszustechen, zu dem Wunsch, sicherzustellen, dass ihr Opfer – Jahrzehnte der Arbeit – sich auf lange Sicht als ein Vermächtnis ausgezahlt haben wird. Sie fragen sich selbst: Habe ich irgendetwas von Bedeutung hinterlassen? Habe ich immer noch Einfluss? Welche Bemühungen sind es wert, Zeit in sie zu investieren, wo Zeit doch so knapp ist? Werden meine Kinder mein Erbe als gut ansehen?

Die Anzahl älter werdender Führungskräfte befindet sich mit dem Älterwerden der Babyboomer auf einem historischen Höhepunkt. Die Zeit, die kommt, wird weder ein eisernes, ein bronzenes noch ein Messing-Zeitalter immensen Internet-Reichtums werden. Es wird ein Zeitalter des Alters und des anti-heldenhaften Führungsstils, charakterisiert durch reifende Begabungen. Es ist, als hätte man die Zeit durch eine Linie unterteilt. In den 1990er Jahren und den frühen 2000er Jahren sah die New Economy in jedem Manager und jeder Führungsperson einen Helden, weil sie es schafften, Profite aus allem herauszupressen. Manager X erfand gegen Widerstände eine neue und zeitweilig herausragende Technologie. Newcomer Y erwies sich als David, der es schaffte, ein Goliath-Unternehmen plattzumachen. Der aufstrebende Geschäftsführer Z gab alles, was er hatte – bis der nächste David dastand. Sie alle machten Eroberungen und errangen Triumphe.

Die Fähigkeiten von Machiavellis *Fürsten* waren wichtiger als Mütterlichkeit, Lehren und Lernen, Bewahren und Festigen oder Aufklären. Im Bann von Machiavellis strategischem Klassiker und den Ururenkeln seiner Leser entwickelten sich die jungen Weltherrscher zu Figuren, die die üblen Burschen aus Goldings *Herr der Fliegen* als gute Jungs dastehen ließen: Gottlose, bereit, jedem Schmetterling die Flügel auszureißen. Dieser Typus des jungen Wirtschaftslenkers führte Krieg unter Missachtung des Geistes. Er schuf ein Ideal der Macht, das Pseudo-Heldentum, das viele für ihre eigenen Fehler blind machte.

Ein Beispielsfall: Ein weltberühmter Investor wurde im Rentenalter plötzlich zum Philanthropen. Doch früher, als Mann in mittleren Jahren, benahm er sich so impulsiv und boshaft wie ein Kind. Jeder, der Kritik an seinen Äußerungen wagte, wurde rausgeschmissen, und keine Entschuldigung oder Erklärung konnte diesen egomanischen typischen »Fürsten« je zufriedenstellen.

Der Heldenmythos, der solche Unternehmensführer umgab, machte es Außenstehenden unmöglich, ihre tödliche Unreife zu erkennen, bis Tyco, Enron, MCI und andere im Skandal kollabierten. Und dieser Mythos bestärkte auch die Führungspersonen selbst in ihrem blinden Glauben an eine monopolare Psychologie der Führung: Sie mussten fürstliche Helden sein, denn das war für sie die einzig akzeptable Form der Macht. Einer dieser Wirtschaftsbosse, für den weibliche Eigenschaften gleichbedeutend mit Schwäche waren, pflegte Frauen entweder als »Glucken« zu bezeichnen, die ihre Karriere aufgaben, um Familien zu gründen, oder als »Empfangsdamen«, die – wie ausgeprägt ihr professioneller Scharfsinn auch immer sein mochte – hauptsächlich dazu da waren, Kunden zu verhätscheln und zu besänftigen. »Selbst für die Männer mit den höchsten Grundsätzen sind Frauen immer nur zweite Wahl«, stellte dieser Mann fest.

Doch das war, bevor die Biologie sowohl Frauen als auch Männer in weiblichere Kreaturen als je zuvor verwandelte. Das Festhalten an den Maximen Machiavellis bedeutet im reifen Alter, mit den Mitteln des alten Krieges in eine neue Schlacht zu ziehen – und somit völlig unvorbereitet zu sein. Ein »Fürst« passt nicht in das Zeitalter der Königinnen. Fürsten vermögen nicht Fragen zu stellen wie: Und was geschieht langfristig? Wie finde ich meine eigene Stärke und meinen Weg? Wenn es nicht nur ums Überleben geht – was kommt danach?

Die Fragen können am Beispiel einer Erfolgsgeschichte beantwortet werden, in der die Elemente des Anti-Heldentums enthalten sind. Bei unserem Beispiel handelt es sich um den früheren US-Präsidenten Harry S. Truman. Er war in der Reihe der Präsidenten der bis heute letzte, der keine College-Ausbildung genossen hatte. Als gelernter Kaufmann ließ er sich gern als einfachen Mann bezeichnen. In der Geschichte lässt sich beobachten, wie Männer im reifen Alter immer mehr Taktiken der Mona-Lisa-Strategie annehmen. An ihnen zeigen sich die grundlegenden weiblichen Eigenschaften:

- Ein bewusstes Abwenden vom Heldenhaften zum Gewöhnlichen, wie im Fall von Truman.
- Eine heilsame Wut, die sich nicht gegen Konkurrenten oder nur gegen Feinde richtet, sondern gegen die Dinge, wie sie sind, wie man es bei dem reifen Winston Churchill sehen kann.
- Die Bereitschaft, sich bei manchen Gelegenheiten mit einer fast kindlichen Art der Unterwerfung und mit größter Kreativität einzubringen, wie bei dem Pianisten Glenn Gould, dessen letzte Aufnahme der Goldberg-Variationen fast ein schlichtes Wiegenlied ist. Oder wie bei dem reifen Künstler Tizian, der seine Pinsel wegwarf und seine letzten Bilder mit den Daumen malte.
- Eine Offenbarung von Gefühlen und die Bereitschaft, auch andere Empfindungen zuzulassen als nur den gesunden Menschenverstand, wie wir es in zunehmendem Maße bei früheren US-Präsidenten wie Jimmy Carter und Bill Clinton sehen können, die jetzt als Diplomaten die Welt verändern.
- Respekt gegenüber den weiblichen Eigenschaften in sich selbst und eine wachsende Ungeduld gegenüber

der alten Trennung in männlich und weiblich, die wir bei jeder der genannten Personen feststellen.

• Eine Sichtweise der Welt als zunehmend komisch und immer weniger tragisch – dies ist ein Element, das Führungspersonen noch viel mehr kultivieren müssen.

Es heißt, Bill Clinton sei der erste weibliche Präsident von Amerika gewesen. Er war teamfähig, sprach oft von Liebe und praktizierte eine Politik, die auf Wohlstand für alle ausgerichtet war. Doch seit seiner jüngst erfolgten Herzoperation erscheint Clinton auf eine Weise demütig, wie er es in seinen trotzigen jüngeren Jahren weder aufgrund der Monica-Lewinsky-Affäre noch durch das erniedrigende Misstrauensverfahren je war. Man fragt sich, in welcher Weise diese neue Gefühlsbetontheit seine Führungskraft vertiefen und ausweiten wird. Wird er eine Sprache finden – eine weibliche Würde –, in der sich dieses neue Element seines Charakters wird ausdrücken können und die dann noch überzeugender wirken wird als alles, was wir bisher von ihm gesehen haben? In der Führungskraft ist meiner Meinung nach der Unterschied zwischen den Geschlechtern nicht so entscheidend wie der zwischen den verschiedenen Altersphasen.

Ich habe weibliche Führungskraft schon bei Männern wie bei Frauen festgestellt. Bei Männern erstaunt es einen, aber es ist wunderschön. Parker Palmer, Erzieher und Aktivist, der den Kongress über tiefsitzende Probleme in der Politik belehrt, ist eine solche Führungskraft. Andy Grove, Geschäftsmann und Mitbegründer von Intel, ließ in späteren Jahren von Gewohnheiten wie der »Wolfs-Strategie« für seine Geschäftsführer ab (Intel-Manager mussten lernen, Kollegen ihre Ideen und Meinungen buchstäblich in die Nasenlöcher hineinzubrüllen). Grove wurde zunehmend milder bis zu dem Punkt, an dem er sich auch auf Unsicherheiten einlassen und neue Ideen im Markt befürworten konnte. Steve Jobs, Geschäftsführer von Apple, hatte die Angewohnheit, inkognito über den Parkplatz von Apple zu wandern, um die Motorhauben der schönsten Autos zu streicheln, dabei vor allem über gerundete Formen, auf der intensiven Suche nach Technologien, die sich menschlich und vielleicht sogar weiblich zeigten und auch anfühlten: iPods haben schließlich ein sehr weibliches »Kitzler«-Bedienfeld.

─ ─

Wie fasst man nun am besten all die Taktiken zu einer einzigen zusammen, die uns den Weg aufzeigt, wie sich eine Eins in eine Zwei und eine Zwei in eine Drei und so weiter entwickeln können und uns dabei hilft, wie wir als Führungspersonen zu immer größerer Reife gelangen können?

Eine Eins wird eine Zwei, indem sie sich auf die Taktik des besonnenen Eros konzentriert. Fügt man dem grundlegenden menschlichen Narzissmus eine Dosis Lehrerhaftigkeit hinzu, dann reißt das eine Eins von ihrem Ego los. Sie wird machtvoller, als sie je werden kann, wenn sie sich nur auf ihre Attraktivität konzentriert. Der antike Maler Xerxes lachte sich tot, während er das Porträt einer alten Frau anfertigte. Susan Sontag bemerkte einmal, dass in der Gesellschaft die Vorstellung einer schönen alten Frau, die genauso alt aussehe, wie sie ist, gar nicht existiere. Es stelle sich einfach niemand vor, dass es eine solche Frau gäbe. Und doch gibt es sie. Eine Eins erkennt, dass eine Frau an Macht gewinnt, wenn sie ihr Selbst aus der Mitte rückt.

Eine Zwei wird eine Drei, indem sie sich mit den Grenzen ihrer Lehren auseinandersetzt. Sie spürt, wie weibliche Führungskraft gewinnt durch das Element des Humors und der Komik. Und sie genießt die Unterordnung unter die zufälligen Ereignisse ihres Lebens. Sie lässt zu, dass sie von einer seltsamen kleinen Kraft geleitet wird, wie die summende Fliege es mit Inanna tat. Die kleinen Dinge verändern unser Leben oft mehr als die großen Ereignisse. Wenn Margaret Mead überhaupt irgendeine Form von Mystizismus besaß, dann war es diese Neigung, sich von den kleinen Dingen treiben zu lassen, die zu entscheiden schienen, was als Nächstes zu tun war, und dem Rollen der Wellen zu folgen. Mead war immer auf der Suche nach einer neuen Stadt, einem neuen Fachgebiet und einer neuen Gruppe, um einen abrupten und erfrischenden Kontrast zu dem Vorhergehenden zu erleben.

Eine Drei erreicht die Ebene einer Vier, indem sie ihre Vision ausdehnt. Sie konzentriert sich auf allgemeine Ansichten, auf das Gefühl und das Gründen von Zirkeln. Für sie ist Freude eine subversive Taktik.

Eine Vier festigt ihr Vier-Sein, indem sie weiß, was eine Frau hervorbringen kann, und dass sie erst mit fünfundvierzig oder fünfzig genügend Mut geschöpft hat, es auch hervorzubringen: Risiken einzugehen, Lärm zu machen, couragiert zu sein und unpopulär zu werden. Sie weiß, dass man sie lieben wird, wenn sie das tut.

Die Zeit mit den Mitteln der Mona-Lisa-Strategie zu bändigen bedeutet, sich selbst mehr Zeit zu lassen. Die

Frauen, die als Vorbilder dieser Strategie dienen, waren sehr geduldig. Sie durchlebten lange Perioden des Wachsens – ihre Jugend und ihre mittleren Jahre –, und dann erblühten sie. *Eile mit Weile.*

Ann Richards, eine Legislaturperiode lang Gouverneurin von Texas, soll auf dem Sterbebett bedauert haben, dass sie nicht alles erreicht habe, was sie hätte erreichen können. Doch anders als viele in dieser klassischen Situation, die bereuen, nicht bessere Ehemänner, Väter oder Söhne gewesen zu sein, ärgerte sich Richards, dass sie nicht entschieden genug gewesen sei. Wenn sie ihre wahre Stärke gezeigt hätte, hätte sie den mächtigen Leuten in Texas so richtig an ihr Geld gehen können. Wenn sie mit Hilfe all ihrer weiblichen, gewaltigen Kraft hätte verhindern können, dass George W. Bush ihre zweite Legislaturperiode verhinderte und ihr Nachfolger wurde, dann hätte sie vielleicht ihren Sitz behalten und ihn gehindert, ins Weiße Haus einzuziehen, was wiederum ihrer Partei im Kongress die Mehrheit erhalten und soziale Reformen möglich gemacht hätte. Sie hatte nicht genügend auf ihre Fähigkeit, andere einzuschüchtern, gebaut.

Große Frauen wissen, wie weit eine Frau gehen und wie einschüchternd sie wirken kann, um immer noch geliebt zu werden. Reif zu sein heißt, in der Fülle des Lebens anzukommen und keine Angst vor dieser Fülle zu haben.

Was hindert Frauen daran, unsere Reife in jedem Alter zu erkennen? Die geringe Zahl erwachsener Männer.

Was ist ein erwachsener Mann? Einer, der sich von reifen, erwachsenen Frauen nicht einschüchtern lässt. Genauer gesagt: Jemand, der eine Zeitung verlegt, wie zum Beispiel die *New York Times,* und sich weigert, über ein Foto mit dem Sänger Tony Bennett, umgeben von zwei Showgirls, eine Überschrift zu stellen, in der die beiden Frauen als »Freundinnen« des Sängers bezeichnet werden. Sind sie nicht auch Darstellerinnen mit einem Namen? Und wie würde dieser alternde Schnulzensänger ohne jene Frauen wirken, die ihm ihren strahlenden Glanz leihen?

Doch das ist ein ganz einfacher Fall. Nehmen wir einen schwierigeren: Eine Frau von zweiundfünfzig Jahren sprach mit einem Geschäftsführer über ihre Ideen, wie seine Firma verändert werden könnte. Seit fast zehn Jahren arbeitete sie erfolgreich als selbständige Beraterin und wollte sich jetzt gerne eine größere Aufgabe suchen, was am besten geht, wenn man ein großes Unternehmen hinter sich hat. Dem Geschäftsführer gefiel, was sie zu sagen hatte. Sie hatte sich für das Treffen im Stil einer Eins gekleidet, eine auffällige, aber blickdichte Strumpfhose, dazu einen bezaubernd kuscheligen Kaschmirpullover und einen kurzen Rock, den sie mit einem humorvollen, leicht selbstironischen Schwung trug, ein wenig Julia Child, ein wenig Anna Wintour. Sie versuchte, nicht zu gefühlvoll zu wirken, wozu eine junge Frau sich vielleicht würde hinreißen lassen, sondern so, als könne sie inzwischen für sich das Recht in Anspruch nehmen, ganz und gar weiblich zu sein.

Dieser sehr erwachsene Mann zeigte sich dankbar. Er sagte: »Ich hätte Sie gern bei uns, aber ich muss erst noch jemanden in meiner Firma finden, dem ich Sie vorstellen kann, der sich von Ihnen nicht wird einschüchtern lassen.«

Es war nicht das erste Mal, dass ihr vorgeworfen wurde, sie würde andere einschüchtern. Alles, was sie denken konnte, war: »Sie haben hier eine marode Firma, wo bitte ist das Problem, wenn Ihre Leute sich von mir eingeschüchtert fühlen?«

Dieser Vorwurf macht es reifen Frauen schwer, ihre ganze Macht auszuspielen. Doch auf diese Weise wissen Sie, dass Sie im Besitz Ihrer ganzen Macht sind, wenn Ihnen dieser Vorwurf begegnet. Sie sind angekommen. Wenn Sie das zu hören kriegen, sollten Sie fragen: »Was meinen Sie mit einschüchtern?« Und so gelangen Sie zu einer ganzen Anzahl der machtvollsten Eigenschaften, die eine Frau haben kann.

Aber Reife hat nur zum Teil mit Einschüchtern zu tun. Der antike Philosoph Cicero fragte sich selbst, wozu das Alter gut sei. In einem Essay mit dem Titel *Über das Alter* listete er alles auf, worüber er sich am meisten freute, es nicht mehr zu haben. Er sagte, er sei glücklich, die Kraft seiner Muskeln verloren zu haben und den Zorn seines Ehrgeizes, weil ihn das nur von den Freuden des Geistes abhielte, die beständig wuchsen, nachdem er nicht mehr Felder bestellen und Dinge aufbauen musste. Am glücklichsten aber sei er, nun zu viel zu wissen, um sich noch einmal von den Phantasien der romantischen Liebe wegschwemmen zu lassen:

»*Treffend bemerkte Sophokles, als ihn bereits in vorgerücktem Alter jemand fragte, ob er den Freuden der Liebe fröne. ›Gott bewahre! Zu meiner Freude bin ich dem wie einem rohen, rasenden Herrn entronnen.‹*«

Cicero fand mit der Zeit Freundschaft (wie Arendts »Amor mundi«) wichtiger als romantische Liebe. Aber was machte ihn im Alter am glücklichsten? Noch einen Tag zu haben, und noch einen Tag, und noch einen …

Und wie soll man nun diese Tage nutzen? Shakespeares alter König Lear sagt: »Will solche Dinge tun – Was, weiß ich selbst noch nicht; doch soll'n sie werden / Das Grau'n der Welt.« Dies sagte er hochbetagt, entmachtet und in sinnloser Wut. Doch wer die Mona-Lisa-Strategie praktiziert, kann solche Sätze in der unerschrockenen Blüte des Alters sagen, die Gaben des Alters begrüßend.

Es gibt Frauen, die nach einer langen Pause auf die Weltenbühne zurückkehren. Man denke an Alice Coltrane, die Witwe der Jazzgröße John Coltrane. Alice fegte in das Leben von Coltrane wie Yoko Ono in das von John Lennon. Sie wurde seine vertrauteste Kollegin in der Musik, und man verachtete sie dafür. Erst im Alter von siebenundsechzig kehrte sie ins Studio zurück, vierundzwanzig Jahre nachdem sie ihr letztes Album herausgebracht hatte. Diese abschließende Arbeit war ein klassischer Gegenentwurf gegen alle Trends. Sie scherte sich nicht um mögliche Käufer, und es war ihr egal, ob sie ihren Wurzeln treu blieb. Sie experimentierte mit einem Sound, der eine seltsame Mischung aus östlichen Sitarklängen und Gospel-Klaviermusik darstellte.

Was werden Sie mit der Mona-Lisa-Strategie machen? Ihr eigenes Comeback auf die Bühne bringen? Eine neue Art von Führungskraft entwickeln? Sich aus Ihrer Einsiedelei herausbegeben und wieder Lust zeigen, sich einzumischen und Ihre Erfahrung in die Waagschale zu werfen?

Als Dornröschen aufwachte, war sie in Wirklichkeit fünfzig Jahre alt, obwohl sie das wohl kaum begriffen hat. Sie werden merken, wie schön es ist, nach dem langen Schlaf Ihrer Jugend mit fünfzig aufzuwachen. Wenn Sie sich entschließen, nichts zu tun, dann tun Sie es mit Freude und Vergnügen. Die Kunst, eine Legende zu werden, ist die Kunst, noch einen weiteren Tag zu leben. Und so schließen wir unseren Waffenstillstand mit der Zeit.

»Was sitzt am längsten und tiefsten in dir? Von seltsamen Ängsten von hart erbitterten Kämpfen oder gewaltigen Belagerungen, was in deinem Innersten bleibt?«

(Walt Whitman)

Die Strategie

Frauen sind im Alter mächtiger
als zu jeder anderen Zeit.
Sie errichten Weltreiche von Dauer und bringen die
Liebe hervor, die sich ständig selbst erneuert.
Ihre Kraft ist immun gegen Verfall und Vergessen.
So sind sie zuletzt Lamm und Löwin zugleich –
Ikonen der Weiblichkeit wie Mona Lisa.

Danksagungen

*J*edes Buch ist in Wirklichkeit eine lange Danksagung, und hier stehen nun die Namen derer, über die man gelegentlich beim Abendessen, in einer E-Mail und manchmal auch in Ausrufen oder einem Flüstern spricht.

Vielen Dank vor allem Virginia Simpson, die mit einer forensischen Genauigkeit, die Mitgefühl mit Einsicht verbindet, sagt, was sie denkt. Und vielen Dank Eric Walsh, Arzt, Lehrer, Heiler (auch wenn er diese Bezeichnung nicht mag), Zauberer, Musiker und *schmalziger* irischer Witzbold. Ein Mann, der in der Überzeugung lebt, dass Frauen mächtiger sind als Männer, ist ein seltenes Wesen. Ich könnte ein ganzes Buch über alles schreiben, was Eric mir beigebracht hat – vielleicht liegt darin ja die Substanz dieses Buches.

Ich danke auch den Sisters of Mercy in Portland, Oregon, hier vor allem Crofton Diack, Ellen Fagg, Amy Archer und allen von Serrato 17. Danke an Win McCormack, der weiß, wie man die Ecken und Kanten eines Mädchens feinschleift.

Meine Agenten Lynn Chiu und Glen Hartley sind meine treuen Anhänger. Und ich schätze mich glücklich über die Zusammenarbeit mit den unvergleichlichen Verlegerinnen und Lektorinnen Jamie Raab, Elle Exijente von

Warner und ihrem Team Sharon Krassney und Ben Green-
berg. Und Maureen Egen, die ich in meiner Zeit als kleine
Lektorin bewunderte und die für mich immer noch die
First Lady des Verlagsgeschäfts ist.

Dank an Anne Lim O'Brien von Heidrich & Struggles
für ihre kostbare Zeit und an Dr. Patricia Allen, deren »Me-
nopause-Ball« 2005 ein Aha-Erlebnis war – zweihundert
Frauen in Ballkleidern ohne Männer, die all die Blicke hätten auffangen können. Lori Bitter von S. Walter Thompson
vermittelte Einsicht in Alter und Märkte. Dr. Ilse Lowen-
stam schickt mir wöchentlich Briefe, die meine Vorfreude
auf meine eigenen neunziger Jahre erhöhen. Betty Sue
Flowers ist eine moderne Eleanor von Aquitanien mit
einer absolut poetischen Präsenz. Trace Goss hat mir ihre
»Goss-pels« zum Leben geschenkt. John Campbell war der
liebenswerteste Höllenhund, den eine Frau im Rücken
haben kann. Die Freundlichkeit von Martin Hynes' Ge-
sprächen und seiner Freundschaft machten mir klar, was
George Sand gefühlt haben muss, wenn sie an den viel
jüngeren und viel größeren Genius Gustave Flaubert
schrieb.

Und für Mona Rinzler Scheraga: Und wenn ich niemandem danken würde, dann doch ihr. Ich wuchs sehr
arm, sehr verloren und still wie ein Mäuschen auf. Mrs.
Rinzler hielt ihren Highschool-Kindern ein leeres Blatt
Papier hin und sagte: »Schreibt.« Früher mal dachte ich, sie
hätte uns beigebracht, wie man Sätze baut. Aber in Wirklichkeit lehrte sie uns, was sie war: eine unverbesserliche
Optimistin, eine geschickte Leserin von Seelen und eine
Frau, die weiß, wie sie ihre Lockenpracht am besten darstellt und wie sie den Raum, in dem sie sich befindet, zum

aufregendsten Ort der Welt macht: Sie ist eine echte Vier. Ich hatte das große Glück, Mona in der zehnten Klasse zu begegnen, und ich habe sie jetzt wiedergefunden, da ich in der siebenundvierzigsten Klasse bin. Mona, du hast meine Liebesgeschichte mit Büchern ausgelöst, die das Leben so großartig macht. Und es wird dich nicht überraschen zu hören, dass ich immer noch versuche, ein leeres Blatt so zu füllen, dass es gut genug für dich ist.

Weiterführende Literatur

Atwood, Margaret: Die Penelopiade. Der Mythos von Penelope und Odysseus. *The Penelopiad*. Aus dem kanadischen Englisch von Malte Friedrich. Berlin Verlag, Berlin 2005

Cicero, Marcus Tullius: De senectute/Über das Alter. Lateinisch/Deutsch. Aus dem Lateinischen von Harald Merklin. Reclam Verlag, Stuttgart 2005

Cronin, Vincent: Katharina die Große. Biographie. *Catherine the Great*. Aus dem Englischen von Karl Berisch. Piper Verlag, München 2006

Dickinson, Emily: Gedichte. Herausgegeben, übersetzt und mit einem Nachwort versehen von Gunhild Kübler. Hanser Verlag, München 2006. S. 47/49

Dinesen, Isak (Tania Blixen): Jenseits von Afrika. *Out of Africa*. Aus dem Englischen von Rudolf von Scholz. Heyne Verlag, München 1992

Drolshagen, Ebba D.: Ich will aussehen wie ich selbst. Nur schöner! Droemer Verlag, München 2007

Ehrenreich, Barbara: Arbeit poor. Unterwegs in der Dienstleistungsgesellschaft. *Nickel and Dimed*. Aus dem Amerikanischen von Niels Kadritzke. Kunstmann Verlag, München 2001

Eliot, George: Middlemarch. Eine Studie über das Leben in der Provinz. *Middlemarch*. Aus dem Englischen von Rainer Zerbst. Reclam Verlag, Stuttgart 1985

Dies.: Die Mühle am Floss. Aus dem Englischen von Eva-Maria König. *The Mill on the Floss*. Reclam Verlag, Stuttgart 1983

Dies.: Elsemarie Maletzke: George Eliot – Eine Biographie. Insel Verlag, Frankfurt/Main 1997

Fisher, Mary Frances Kennedy: Austern zum Beispiel. Hinweise zum Umgang mit einer Delikatesse. *Consider the Oyster.* Aus dem Amerikanischen von Gabriele Dietze und Gerd Grözinger. Europäische Verlagsanstalt, Hamburg 1999

Gienanth, Lo von: Was heißt hier alt? Anstiftung zum Eigensinn. Droemer Verlag, München 2008

Graham, Katherine: Wir drucken! Die Chefin der Washington Post erzählt die Geschichte ihres Lebens. *Personal Story.* Aus dem Amerikanischen von Henning Thies. Kindler Verlag, München 1999

Klein, Jürgen: Elisabeth I. und ihre Zeit. Beck Verlag, München 2006

Mead, Margaret: Jugend und Sexualität in primitiven Gesellschaften. *From the South Seas.* Aus dem Amerikanischen von G. Carnegie. Klotz Verlag, Eschborn 2002

Dies.: Mann und Weib. Das Verhältnis der Geschlechter in einer sich wandelnden Welt. *Male and Female.* Aus dem Amerikanischen von Elisabeth Conzelmann. Ullstein Verlag, Berlin/ Frankfurt am Main 1992

Pater, Walter: Leonardo da Vinci. Mit einem einleitenden Essay von Walter Pater. Pawlak Verlag, Herrsching/Ammersee 1976

Ders.: Die Renaissance. Studien in Kunst und Poesie. *The Renaissance. Studies in Art and Poetry.* Aus dem Englischen von Wilhelm Schölermann. Jena 1902

Rubin, Harriet: Machiavelli für Frauen. Strategie und Taktik im Kampf der Geschlechter. *The Princessa. Machiavelli for Women.* Aus dem Amerikanischen von Susanne Dahmann. Wolfgang Krüger Verlag, Frankfurt/Main 1990

Sand, George: Briefe. Aus dem Französischen von Annedore Haberl. dtv, München 2003

Dies.: Freiheit vor allem. Einsichten und Widersprüche. Herbert M. Debes (Hg.). Büchergilde Gutenberg, Frankfurt/Main 2004

Dies.: Pulver, Corinne: George Sand – Genie der Weiblichkeit. Droste, Düsseldorf 2003

Schönberger, Margit: Don't worry, be fifty. Plötzlich bist du 50 –

und die Welt ist voller Möglichkeiten. Droemer Verlag, München 2006

Shakespeare, William: Antonius und Kleopatra. In: Sämtliche Werke Bd. III: Tragödien. Übersetzung von A. W. Schlegel und Ludwig Tieck. Lambert Schneider Verlag, Heidelberg 1978, S. 857/858.

Ders.: König Lear. A.a.O. , S. 628

Ders.: Wie es euch gefällt. In: Sämtliche Werke Bd. I: Komödien. Übersetzung von A. W. Schlegel und Ludwig Tieck. Lambert Schneider Verlag, Heidelberg 1978

Sontag, Susan: Faber Richard: Avancierte Ästhetin und politische Moralistin. Die universelle Intellektuelle Susan Sontag. Königshausen und Neumann, Würzburg 2006

Dies.: In Amerika. *In America*. Roman. Aus dem Amerikanischen von Eike Schönfeld. Fischer Verlag, Frankfurt/Main 2005

Dies.: Krankheit als Metapher. *Illness as Metaphor*. Fischer Verlag, Frankfurt/Main 2003

Dies.: Worauf es ankommt. *Where the Stress Falls*. Essays. Aus dem Amerikanischen von Jörg Trobitius. Fischer Verlag, Frankfurt/Main 2007

Stein, Gertrude: Autobiographie von Alice B. Toklas. *The Autobiography of Alice B. Toklas*. Aus dem Amerikanischen von Elisabeth Schnack. Arche Verlag, Zürich 1985

Stowe, Harriet Beecher: Onkel Toms Hütte. *Uncle Tom's Cabin*. Aus dem Amerikanischen von Marianne Ziegler. Neubau Verlag, München 1948

White, T.H.: Das Buch Merlin. *The Book of Merlyn*. Aus dem Englischen von Irmela Brender. Verlag Klett-Cotta, Stuttgart 1998

Ders.: Der König auf Camelot. *The once and future king*. Aus dem Englischen von Rudolf Rocholl. Verlag Klett-Cotta, Stuttgart 2004

Bücher über die Mona Lisa

Bach, Friedrich: Mona Lisa. Leonardo da Vincis Sapienta-Ikone.
   Fischer-Verlag, Aachen 2005
Mohen/Aitken (Hg.): Im Herzen der Mona Lisa – Dekodierung
   eines Meisterwerks. Aus dem Französischen von Claudia Stei-
   nitz. Schirmer Mosel, München 2006